膨張GAFAとの闘い

デジタル敗戦　霞が関は何をしたのか

若江雅子
読売新聞記者

732
中公新書ラクレ

はじめに——日本はなぜ海外プラットフォーマーにモノが言えないのか

２０２１年３月、米国の著名なＳＥＯ（Search Engine Optimization、検索エンジン最適化）専門家、ランド・フィッシュキンは「２０２０年の1年間にグーグルを使った検索の64・８％は、ゼロクリック・サーチだった」との衝撃的な調査結果を発表した。ゼロクリック・サーチとは、インターネットを検索したユーザーが、検索結果をクリックせず、ウェブサイトにアクセスしないまま検索行動を終えることをいう。つまり、フィッシュキンは、グーグルのユーザーは、ざっくり言えば3回に2回は、検索結果ページに示された情報を見るだけで、求めていた情報を得られ、そこで満足してグーグルの「中」から「外」に出ようとしなかった可能性がある、と示唆しているのだ。[1]

気づいているだろうか。年々、グーグルの検索結果ページの情報が充実してきていることを。

これまで、情報が欲しい時、私たちは検索結果ページの上位から順番にクリックしてサイトを訪問し、必要な情報を入手しようとしてきた。だが、最近では「明日の天気」と検索すれば、どこもクリックしなくても、一番上に現在地の近くの明日の天気が「晴れ11度」などと表示される。「富士山　高さ」と入力すれば、やはり一番上に「3776m」。ああ、あの歌の歌い出しが思い出せない、と「歌舞伎町の女王」と入れれば、「蝉の声を聞く度に　目に浮かぶ九十九里浜……」と歌詞がフルで出てくる。ウィキペディアさえ要約が表示されるから、わざわざクリックしてサイトまで飛ばなくても、そこだけで済んでしまうことも多い。

グーグルさえあれば、インターネット上のどこにでも行けて何でも調べることができる、と思っていた。だが、いつの間にか、グーグルさえあれば、インターネットがなくてもグーグルの中で完結する時代が近づこうとしている。

筆者の友人・辻正浩（46歳）は、この兆候を08年頃から感じ取っていたという。辻はフィッシュキンと同じくSEO専門家である。ウェブサイトが検索結果の上位に表示されるよう、サイトの構成を調整するなど対策を講じるのが仕事だ。仕事柄、常にグーグルから顧客のウェブサイトへのトラフィック（情報量）を調べているが、それがこの頃から徐々に減り始めていた。

その前年、グーグルは「ユニバーサル検索」と呼ばれる統合型検索をスタートさせている。

検索すると、ウェブページの検索結果だけでなく、そのキーワードに該当する画像、動画、関連ニュースなどが一度に表示されるタイプの検索である。さらに08年には位置情報に基づく「ローカル検索」も統合された。「和食」と検索すれば一番上にグーグルマップが表示され、現在地近くの和食の店が口コミ情報とともに並ぶ。ユーザーはわざわざ、ぐるなびや食べログにアクセスしなくても、店の評価や場所など大体のことは把握できるようになった。10年には「グーグルショッピング」も始まった。「冷蔵庫」と検索すれば、検索画面の一番上に様々な冷蔵庫の価格や画像の一覧が並び、何回かクリックするだけで購入できるようなサービスである。そして、ホテル、航空チケット、転職案内……グーグルは次々と自社独自のサービスを展開していき、おかげでユーザーは素早く、簡単に、必要な情報にアクセスできるようになった。

「ユーザーにとって便利なことは間違いない。でも、このままではすべてがグーグルに飲み込まれてしまうのでは」。辻は担当する顧客企業が、自社サイトの閲覧者数減少に狼狽する姿を見ている。グーグル自身の提供するサービスに押しやられ、自社の検索結果は画面の下のほうにしか表示されなくなったからだ。たいていのユーザーは、わざわざスクロールしてまで探してくれない。米国では実際に廃業を余儀なくされた大手歌詞サイトやショッピングサイトもあった。

もう一つ、辻が気になってきたことがある。グーグルの誤情報対策における「努力」である。

例えば、新型コロナウイルス感染症が広がる状況下では、グーグルは、信頼できるワクチン情報にユーザーを接しやすくするというポリシーを立てている。「コロナ　ワクチン」などと検索された場合、誤情報が上位に表示されないようにアルゴリズムを調整し、ユーチューブでは「保健当局の見解と矛盾する情報」の削除を進めているという。この努力によって、荒唐無稽なワクチン害悪論やいたずらに不安を煽るような誤情報は減った。だが、一方で、科学的な根拠に基づいた危険性の指摘でも上位に表示されにくくなった。

フェイクニュースや誹謗中傷、ヘイトスピーチなどが社会で大きな問題となった近年、こうしたグーグルの取り組みは強化されてきている。日本では16年に医療系まとめサイトWELQ《ウェルク》が信憑性に欠ける記事を乱造し、それらが検索結果の上位に表示されることが問題となった。これを機に、グーグルは医療分野のアルゴリズムを何度か大きく変更した。信憑性を判断するための指標としてサイトの知名度や規模を重視したようだ。その結果、大企業や公的機関のサイトばかりが上位に表示され、個人が細々と続けていたブログなどには検索ではなかなかたどり着けなくなってしまった。こうした調整は、子育て、妊娠のような生活情報から、慰安婦など政治の機微にふれる問題の検索にまで広がっているという。

「グーグルが社会的責任を果たそうと努力しているのはわかっている。でも……」。辻は悩んできた。

様々な検索エンジンが存在する状況下ならいいだろう。だが、日本の検索エンジン市場はグーグルが95・92％を占める。スマホでは99・58％だ。[2] 私たちが情報にたどり着くための、ほぼ一つの道。そしてそれはグーグルの考えによって、きれいに「優先順位」がつけられた道なのである。

インターネットは、一般市民に情報発信と情報収集の自由を与えてくれた。だが、このままでは一般市民がいくら情報を発信しても、届かない日が来るのではないか。情報収集は楽になるかもしれない。だが、それもグーグルの掌の上での収集になる。それは、インターネットが、私たちの知っているインターネットではなくなることを意味するのではないか。

仕事柄、日々グーグルのアルゴリズムと向き合い、膨大な検索結果を観測する立場の辻だからこそ、肌で感じる恐怖だった。

＊

辻が検索の世界で起きている変化に気づき、抱き続けた焦燥感。だが、それが日本社会で広く共有されるまでには10年を要してしまった。

検索は一例にすぎない。スマートフォンの位置情報や、ウェブの閲覧履歴が大量に収集される問題、集められた大量のデータが莫大な広告収益を生み、その収益により新たなビジネス分野で市場支配が進行していく問題、膨大なデータがAIをどんどん優秀にし、利用者を囲い込み、ひいては「エコーチェンバー」や「フィルターバブル」(ともに13章を参照)によって社会を分断していく問題……。GAFA(グーグル、アマゾン、フェイスブック、アップル)の巨大化に起因する問題は、プライバシーや消費者保護、競争環境、民主主義のあり方にまで幅広くまたがる。それぞれの分野では危機感を抱き、奮闘する人の姿があった。だが、社会全体としての動きは鈍く、対応が遅れる中でこの10年が過ぎてしまったのである。

19年9月にはデジタル市場競争本部が発足し、データ時代の競争政策に省庁横断的に対応する体制が構築された。20年5月には総務省が電気通信事業法を改正し、グーグルなど外国法人にも法適用されることを明確化した。21年2月には経済産業省(以下、経産省)所管の「特定デジタルプラットフォームの透明性及び公正性の向上に関する法律」が施行され、4月には消費者庁の「取引デジタルプラットフォームを利用する消費者の利益の保護に関する法律」も成立した。様々な対策が動き始めたことを歓迎したい。だが、どうしても頭から振り払うことができないのが「なぜ、もっと早く手を打てなかったのか。なぜ、ここまで彼らを巨大化するに任せたのか」との疑問である。

ヤフーがグーグルの検索エンジンを採用することを日本の公正取引委員会（以下、公取委）があっさりと認め、グーグルの検索独占に道を開いた同じ2010年に、欧州委員会はグーグルの検索エンジン市場での行動を問題視し、正式調査に入っている。日本の個人情報保護法（以下、個情法）が違法に対する実効的な制裁を持たない間に、欧州連合（EU）は莫大な制裁金を彼らに科していたのだ。

＊

なぜなのか。それを考える上で、真っ先に告白しなければいけないのは、大手メディアでまがりなりにもＩＴ問題を担当してきた記者として、日本社会に十分な問題提起ができなかったことへの後悔である。プラットフォームに関わる問題を調べていると、既に欧米では市民団体が同じ問題で抗議活動を展開していたり、訴訟になっていたりすることを知り、穴があったら入りたいような気持ちになることが少なくなかった。海外ではとっくの昔に、メディアが問題を指摘し、それに呼応して社会が動いていたのである。本書では政府の対応に再三疑問を投げかけているが、実のところ、メディアが問題の所在を十分に発信してこなかったことが、日本政府の対応の遅れを許した一因だったと言わざるをえないだろう。

もう一つ、日本におけるシビル・ソサエティの不在も要因の一つではないかと感じていた。

伝統的な消費者団体が、デジタル時代の課題に対応するにはノウハウや人材を欠き、一方で欧米のような技術と法律の専門家による新しい市民団体も育っていない。プラットフォーム問題は、いずれも最終的には市民が不利益を受ける問題である。プライバシーの問題はもちろん、競争政策の不備によって一部のプラットフォーマーの寡占を許すことも、私たち市民が選択肢を奪われ、不本意なサービスであっても拒否できなくなる危険をはらむ。民主主義への影響は言わずもがなだ。それでも、一連の問題で市民サイドから声が上がることはほとんどなかった。政府がデジタル時代の課題解決に向けて動き出した今、そのマルチステークホルダーの中に、実質的に市民代表が参画していない、いやな言い方をすれば、形だけ入っても有効に機能する市民代表が存在しないことを憂慮している。

ほかにも、霞が関の縦割りの弊害や、自らも縛られることを嫌ってGAFA規制にも後ろ向きな経済界の動きなど、様々な要因が指摘される。だが、やはり、それだけでは日本の対策がこれほどまでに遅れた理由は十分に説明できない気がした。

経済がグローバル化し、日本の消費者が海外からのサービスを日常的に享受するようになって久しい。海外事業者が日本人にサービスを提供する以上、日本のルールに従ってもらう必要があるのは明らかだった。それなのに、外国法人に法執行できない状況は放置され、適用できる法律を作っても実効性のある制裁の仕組みは用意されず、さらには外国法人に適用できる法があり、それを無視されているのに放置する――という驚くべき状況が延々と続いていた。日本はなぜ海外プラットフォーマーにモノが言えないのか。霞が関は何をしようとし、何をしようとしなかったのか――。

その謎を解こうと、この10年の検証を試みたのが本書である。筆者の力量ではとても核心に迫れたとは言えないが、今回の振り返りが、データ時代の次の闘いで負けないために少しでも参考になればと祈っている。

本書では、まず第一部で、この十数年にわたり浮上し、あるいは放置されてきたデータ時代の諸課題について、悪戦苦闘しながら立ち向かう人々に焦点を当てながら紹介し、第二部ではGAFA規制に動き出した霞が関での攻防を描くことを試みた。第三部では、世界的に包囲網が狭まる中でもなお力を増すプラットフォーマーの力の源泉や、社会への影響を考察した。

特に説明がない限り、文中は敬称略とし、肩書きと為替レートは執筆時のもの、年齢は刊行時のものとした。

２０２１年5月

若江雅子

1 検索結果をクリックせずに検索行動を終える場合の中には、検索結果の一覧を見て、思うような結果に当たらず、別のキーワードでもう一度検索するケースも当然ありうる。グーグルはフィッシュキンの調査結果に「グーグルは毎日何十億ものクリックをオープンウェブに送信している」と反論している。
https://blog.google/products/search/google-search-sends-more-traffic-open-web-every-year

2 ２０２１年3月現在、StatCounter。ヤフーはグーグルの検索エンジンを採用しているため、グーグルのシェア（74・83％）にヤフーのシェア（24・74％）を足し上げた。

目次

図表作成／ケー・アイ・プランニング
本文ＤＴＰ／市川真樹子

第一部

侵　食

「便利さ」の罠

1章　一国二制度——ヤフーの焦り

憤る孫正義会長

「それじゃまるで一国二制度じゃないか」

ヤフー本社の16階大会議室で、孫正義会長はこう吐き捨てたという。２０１２年夏、当時まだ同社が港区の東京ミッドタウンにあった頃の出来事だ。

「一国二制度」と言っても、中国における本土と香港の体制を指したわけではない。日本という一つの国の中に、国内企業向けと海外企業向けの、異なる二つの規制が存在する理不尽な現実を、こう皮肉ったのだ。

孫が腹を立てていたのは、ヤフーとグーグルのサービスに対する総務省の「ダブルスタンダード」だった。

ヤフーが、無料のメールサービスに8月からある新方針を導入することを発表したのは6

月14日だった。すると、総務省がこれに「待った」をかけてきたのだ。

新方針とはメールへの「興味関心連動型広告」の導入である。興味関心連動型広告とは、ユーザーそれぞれの端末画面に、その人の興味や関心に沿ったコンテンツを配信する広告のことで、行動ターゲティング広告の一種だ。利用者の興味関心に沿った広告を配信するには、メールの文面を自動的に読み取り、分析する必要がある。例えば、利用者が友人から「京都に旅行に行こう」というメールを受け取ると、機械が自動的にこれを読み取り、京都のホテルや新幹線などの広告を表示する、といったイメージだ。

だが、これは電気通信事業法が禁じる「通信の秘密」の侵害に当たる可能性があった。同法は通信事業者に対し、本来の通信業務に必要な範囲を超えて通信の内容や宛先などを見たり利用したりすることを禁じている。電気通信事業者が違反すれば3年以下の懲役か200万円以下の罰金が科せられる。利用者からの有効な同意があれば問題はないが、それは「個別の同意」でなくてはならず、利用規約などで最初に「包括的な同意」を取得するだけでは認められない。

しかも、メールの内容は、送信者と受信者の双方にとっての秘密になる。ヤフーがいくらヤフーメールの送信者から同意を取りつけたとしても、もう一方の当事者であるメール受信者は、気づかないうちにヤフーに自分のメールを読まれることになる。利用者にすれば納得がいかないことだろう。ヤフーが方針を発表すると、ネット上に不満の声が噴出した。そして、この問題が新聞で報じられた翌日の6月26日、当時の川端達夫総務大臣は閣議後の記者会見で「ヤフーから近日中に事情を聴く」と表明したのだ。

ヤフーは不満だった。全く同じことを、ライバルのグーグルは既にやっていたからだ。グーグルは04年にGメールサービスをスタートした当初から興味関心連動型広告を導入しており、06年には日本語版でも開始している。だが、この時、総務省は何もしていない。

グーグルが日本の電気通信事業法上の電気通信事業者に当たらないから、という理由である。同法4条は「電気通信事業者の取扱中に係る通信の秘密は、侵してはならない」と定めている。グーグルが電気通信事業者ではないとすると、グーグルの「取扱中」の通信、つまりGメールでやりとりされる通信は保護対象にならないことになってしまう。

実は、グーグルが日本に上陸した際、総務省は同社に対して、電気通信事業者として届出をするよう内々に求めたという。だが、グーグルから返ってきたのは「日本国内にサーバはないので、私たちは日本の電気通信事業者ではない」との回答だった。日本にこんなに多くのユーザーを抱えているにもかかわらず、である。

電気通信事業法はサーバなどの電気通信設備に着目して事業者を規制する法律である。電気通信事業者の定義も、電気通信設備を用いて他人の通信を媒介する役務を業として提供する者となっている。条文には、設備が国外にある場合は規制できないとは書かれていない。だが、あくまで「解釈」として、国内に通信設備やその設備を管理する拠点がない場合には規律を及ぼすことはできない、と総務省は考えてきたのである。

実際、この問題から2年後の14年5月13日の参議院総務委員会で、「なぜグーグルを規制できないのか」と質問した自民党の藤末健三・参院議員に対し、当時の吉良裕臣・総務省総合通信基盤局長は、「国外にサーバー等を設置し、国内で国外のサーバー等に対して何ら支配、管理をしていない場合、例えば国内向けにサービスを提供していたとしても電気通信事業法の規律は及ばない」との解釈を示した上で、グーグルは「我が国の電気通信事業法の電気通信事業者には該当しないというふうに考えております」と答弁している。

国内法の適用範囲をめぐって示されたこの解釈は、この後、延々と続く日本での海外プラットフォーマー（以下、PF）との暗闘に禍根を残すことになる。

「許容範囲」

話をヤフーメールに戻そう。広告が問題となった12年当時、ヤフーメールの利用者は国内1800万人。Gメールの国内の利用者数は公表されていないが、数年前までヤフーメールの3分の1にも満たなかったとされるその数は、急速な伸びを見せ、差を縮めていた。

ヤフーの営業担当者も「広告の単価をグーグルより安くしないと売れなくなっている」と焦りを感じていた。言うまでもなく、無料で提供しているメール事業の利益は広告収入から得ている。単純に考えれば、利用者の多いサービスほど高い単価で広告枠を売ることができそうだが、「グーグルは広告効果の高さを売りにしていた。『ユーザーが必要だ、と思ったその瞬間に、欲しい商品の広告を配信できますよ』と。このままでは勝てないと思った」と当時、ヤフーの政策企画本部長だった別所直哉は振り返る。

この日、担当幹部らの説明にじっと耳を傾けていた孫は、口を開いた。「一国二制度は受け入れられない」。社長に就任したばかりの宮坂学もうなずいた。「日本のヤフーが駄目で、米国のグーグルなら良いなんて理屈に合わない。同じ国で商売をする以上、同じ規制でなければおかしい」。

出席者から異論はなかった。「総務省の判定がクロとなるかシロとなるか、わからないが、勝負に出るしかない」。孫の言葉を聞きながら、別所はこう感じていた。「一国二制度の不合理を問題提起していく、いい機会になるかもしれない」。

その後、どのような駆け引きがあったのか。結局、総務省はヤフーに「NO」とは言えなかった。川端達夫総務大臣は9月19日の記者会見で、「許容範囲」と述べ、「スクロールせずに見ることができる位置にわかりやすく説明を表示すること」「望まない利用者が拒否できるようにすること」などのいくつかの条件をつけ、認めることになる。これを受け、ヤフーはその日の正午から新広告の配信に踏み切った。これに対し、約26万人のヤフーメール利用者が広告配信を拒否する設定を行っている。

幻の消費税収

一国二制度の不合理は、こればかりではなかった。

例えば、消費税問題。15年9月まで、日本では海外から配信されるデジタルコンテンツには消費税がかからず、同じ商品を日本の通販サイトで買うと消費税がかかってしまうという二重価格の状態が続いていた。例えばアマゾンで購入すると1000円で買える電子書籍が、紀伊國屋書店の電子書店で買うと当時8％だった消費税がついて1080円になる、というわけだ。ネット広告も同じだ。広告主がヤフーから100万円分の広告枠を購入して広告を出そうとすれば、グーグルから同じく100万円の枠を買うより8万円の消費税分だけ余分に払うことになる。つまり、国内事業者はスタートラインに立った時点で、海外事業者に比べて不利な闘いを強いられていたということだ。

欧州は既に、「消費地課税の原則」を採っていた。サービスを提供している国、つまりサーバの設置されている国で課すのではなく、サービスが消費された国で課すというものだ。

例えば、フランス国民がアマゾンで電子書籍を購入する場合、アマゾンはフランスに日本の消費税に当たる付加価値税を払うのである。

大和総研の試算では、海外から配信されるコンテンツに消費税が課せられないことで、ふいになった「幻の消費税収」は12年の1年間だけで247億円に上っていたという。

ヤフーの別所はこの問題でも財務省などに働きかけ、12年7月には同省に有識者会議「国境を越えた役務の提供等に対する消費税の課税の在り方に関する研究会」が立ち上がる。だが、ヤフーなど国内事業者の焦りを尻目に、議論はなかなか進まなかった。ようやく法改正が行われ、施行されたのは15年10月だった。

14年11月には、しびれを切らした別所らが国会議員に働きかけ、早期法改正を求める内容の議員立法案（審議未了で廃案）の提出にまで至った。この時の参議院財政金融委員会でのやりとりが興味深い。当時、新党改革・無所属の会に所属していた平野達男が「この問題がなぜ、放置ということはなかったと思いますけれども、ここまで先延ばしされてきたのか」と質問を投げかけたのに対し、参考人として呼ばれたアマゾンジャパンの渉外本部長は、欧州では既に98年からOECDの租税委員会などで議論され、対応が図られている点を指摘した上で、「日本でなぜその対応がまだいまだにされていないのかにつきましては国会と政府の問題かと思います」[3]と答えている。

放置される「泣き寝入り」

海外事業者のサービスが日本で広く使われるようになるにつれ、民事訴訟の世界でも様々な不具合が生じていた。

その一つが、送達問題である。送達とは、裁判所が関係者に訴訟に関する書類を郵便などで送付する手続きで、これが完了しないと基本的には訴訟は始まらないという、訴訟上の必須の手続きだ。だが、海外事業者に送達しようとすると、民事訴訟法や条約で定められた正式なルートを通す必要がある。これは裁判所から最高裁判所、外務省、在外日本領事館、その国の外務省……といった長いルートになり、米国の場合でも到着まで半年ほどかかる。

「でも、考えてみればおかしな話じゃないですか。日本でサービスを展開する事業者を訴えるのに、ヤフーやラインならすぐ訴訟が始まり、海外ＰＦだと半年以上待たなければならないなんて……」

こう話すのは弁護士の山岡裕明（39歳）である。山岡はこれまで誹謗中傷などの投稿の削除や発信者情報開示請求などを数多く手がけてきた。誹謗中傷の被害者が、投稿者を相手に損害賠償請求訴訟を起こそうと思えば、まずはＳＮＳ運営事業者らに匿名の投稿者の身元を開示するよう求めなければならない。任意で開示に応じることは稀で、ほとんどのケースではSNS運営事業者を相手に発信者情報開示請求の訴訟を提起しなければならなくなる。ところが、誹謗中傷の主戦場は今やツイッターやインスタグラム、ユーチューブなどの海外事業者の運営するサービスだ。被害者にすれば一日でも早く苦しみから解放されたいだろう。だが、海外送達の手続きが入ることでその苦しみは半年以上長引くことになる。負担の重さに、あきらめ、泣き寝入りしてしまうケースも少なくない。

だが、海外PFは、日本でも都心の一等地にそびえる最先端のビルに素晴らしいオフィスを構えているではないか。グーグル合同会社、フェイスブックジャパン株式会社、それにツイッタージャパン株式会社も。だが、彼らは、「営業機能しか持たない販売会社」「本体の管理運営には全く関与していない」などと主張してなかなか対応しようとはしなかった。

山岡は「風穴を開けたい」と15年、レビュー欄での投稿をめぐる発信者情報開示請求でアマゾンの米国本社と日本法人の双方を相手に訴えを起こしてみた。アマゾン側は「日本法人は関与していない」と主張したが、山岡はサイトのドメイン登録者が日本法人の代表者名になっていることを突き止め、物流施設が国内にあることも指摘し、日本法人からの開示を勝ち取った。とはいえ、いつもうまくいくわけではない。20年にはアマゾン上での別のトラブルをめぐる損害賠償請求事件で日本法人を訴えたが、「国内での問い合わせ先にすぎない」と退けられ、米国のアマゾンの別法人を訴え直すことになった。[4]

しかし、このような苦労をしなくても、この問題はもっと簡単に解決した可能性がある。「簡単なこと。GAFAが日本の会社法にきちんと従えばいいだけだ」と指摘するのは弁護士の板倉陽一郎（42歳）である。実は、会社法では、外国会社は日本において取引を継続してしようとする時には日本に登記し、日本に住所を持つ代表者を置かなければならないと規定している。代表者は、その外国会社の日本国内での業務に関する「一切の裁判上又は裁判外の行為をする権限を有する」とも記されている。少額ではあるが「会社の設立の登録免許税の額に相当する過料」もある。

だが、外国会社が会社法上の問題を指摘され、過料を科されたという話を聞いたことがあるだろうか。所管する法務省民事局に、過去、過料が科されたことがあるのかと質問しても「わからない」と言う。海外PFは登記しているのかと聞いても、「調べたことはない」「外国会社が取引を継続して行っているかどうか把握は難しいので……」。

登記しているかどうかは、法務省の登記情報システムを使えば一発でわかる。そして海外PFが日本で継続して商売をしているのも誰の目から見ても明らかだ。板倉は「法務省は特命チームを作ってでも、登記しないまま日本で商売している会社を摘発して回るべきではないか」と法務省の姿勢に疑問を投げかける。

この規定が守られていれば、泣き寝入りを強いられてきた多くのユーザーが救われたかもしれないことを、法務省は理解しているはずだ。

14年5月27日の規制改革会議の第14回貿易・投資等WG（ワーキンググループ）で、当時、民事局参事官として出席した坂本三郎は、この規定の趣旨について、こう説明している。

「1点目は、日本国内の取引先の保護ということでございます。すなわち、日本国内において取引上の紛争などが生じた場合に、その処理に対応する権限を有する人間を日本に置いておく必要があるということでございます。（略）特にBtoCの場面を考えるといろいろ大変な問題が起こるのではないかと思っております。また、訴訟提起の場合に、このように日本における代表者がいないということになりますと、送達もろもろの手続に相当手間がかかってしまうことになるということがあります」

この懸念通りの問題が起きているのに、なぜ動かないのか。

「日本はGAFAになめられている」と板倉は断じる。「GAFAが日本で継続して商売しているのは誰が見ても明らかで、法令違反のままずっと日本で儲けている。日本のユーザーが苦しんでいるのを横目で見ながら」。

「域外適用」に消極的な日本

「インターネットの登場以降、商取引の形態は大きく様変わりしている。それなのに日本の法規制はそれに十分対応してこなかった」。インターネットの黎明期から、ネットの絡む法律問題に取り組んできた弁護士の森亮二（55歳）は、海外事業者からは煙たがられる「うるさ型」として知られる。ヤフーメール騒動からほどなく、電子商取引に関わる法規制が、海外事業者にどう対応しているのか調べてみたという。見えてきたのは、「域外適用」に対するあまりにも消極的な日本の姿勢だった。

域外適用とは、国家が自国の法令を自国領域外の活動に拡大して適用することを指す。もともと、「国家の主権がどの範囲まで及ぶのか」という国家管轄権の行使は、自国領域に限られるという「属地主義」が国際法上の原則とされてきた。だが、経済がグローバル化し、国外の活動が国内にも影響するケースが増えていくに従って、適用範囲に対する考え方は徐々に広がってきていた。

最も早い動きを見せたのが競争法（公正で自由な市場競争の実現を目指す、日本の「独占禁止法」に当たる法律）の世界である。米国では１９４５年の「アルコア事件」と呼ばれる国際カルテル事件の判決で、国外で行われた行為であっても、米国国内に影響を与えるものならば米国の競争法を適用可能とする「効果主義」が採用された。

当時は「他国の主権を侵害する」との反発があったようだが、90年代に入って以降、世界の流れは効果主義に収斂《しゅうれん》されていった。日本企業も繰り返し、米国やＥＵの競争当局から莫大な課徴金・制裁金を科されている。大きなところでは、12年に米司法省が、米国向けの自動車部品「ワイヤーハーネス」などをめぐって価格カルテルを続けていたとして、矢崎総業に反トラスト法違反で4億7000万ドル（約510億円）の罰金を科し、日本人幹部含め6人に最大2年の禁錮刑を言い渡した。17年8月現在の米国司法省の資料では、過去、1億ドル以上の罰金を科された件数は139件あり、このうち日本企業に関するものは60件、日本企業は合計で40億3100万ドル（4377億円）の罰金を払っている。EUでもパナソニックが2・5億ユーロ（約330億円）の制裁金を科されるなどしたブラウン管カルテル事件や、NTNが2・0億ユーロ（約264億円）を科された自動車ベアリングカルテル事件などが有名だ。

一方で、日本の公取委が国際カルテルで外国企業に課徴金を科すに至った事件は2件。韓国のサムスンSDIのマレーシア子会社など3社に計24億5000万円を科した09年のブラウン管事件と、14年に北欧の海運会社に35億円を科した海運カルテルのみである（日本の海外子会社は除く）。

独占禁止法（以下、独禁法）はまだましだった。景品表示法や、個情法、消費者安全関係法、電気通信事業法、薬事法、旅行業法……。調べていくうちに、森の懸念は的中する。経済がグローバル化し、海外からのモノやサービスをめぐるトラブルが増える中で、行政担当者らは法令を適用していいのかどうか悩んでいた。対応もまちまちだった。独禁法は条文に域外適用が可能であるとは明記していないが、可能との解釈で運用されている。09年に成立した資金決済法など新しい法令は外国事業者を適用対象として届出を求めていた。特定商取引法のようにガイドラインで対応しているものもあった。しかし、それ以外の多くは森が調査した12年の時点で明確な規定も解釈も持たなかったのである。ＩＣＴの発達で、サービスを提供する事業者が活動拠点を置く国、サーバが設置されている国、そしてサービスが展開される国が異なることは、ごく当たり前の状況になっていた。だが、ほとんどの法律はそれを想定していなかった。

一丁目一番地に開いた「大きな穴」

12年のヤフーメール騒動の際に下した総務省の判断には、今も疑問がくすぶる。省内にさえ「その場しのぎの対応で、通信の秘密の解釈を曲げてしまった」との批判もある。

電気通信事業法は通信の秘密を特に厳格に保護してきた。その対象は、通信内容や通信当事者の氏名、住所、電話番号はもちろん、通信回数や経路情報、ＩＰアドレスやポート番号まで、通信の存在それ自体についての事実も含まれるという厳しい内容である。通信当事者の有効な同意があれば侵害しても違法にならないが、その同意は「個別の同意」である必要があり、約款に記載するなどの「包括同意」では許されないとされてきた。

しかし、この時、総務省がヤフーに対して示した指針は、①メールの内容を解析していることをメールトップページに表示する、②ユーザーが事後的に拒否できるようにする（オプトアウト）、などを満たすことを条件にデフォルトでメール解析を認めている。つまり「個別の同意」どころか、「包括同意」すら取得しない形になる。

ヤフーメール問題が起きる2年前、当時、青少年の被害が多発していた携帯電話の「ミニメール」をめぐり、事業者がメール監視を行えるかどうかが総務省の有識者会議で検討されている。この時は、①通常の利用者であれば同意することが合理的に推定されること、②オプトアウトできる、などの条件で、アカウント作成時に周知を行えば違法ではないと整理された。だが、青少年保護を目的とした監視だからこそ「同意が合理的に推定される」と整理されたのであって、ビジネス目的のメール解析ではこの条件を満たすとは言えないだろう。

一方当事者、すなわちヤフーメール契約者だけの了解で進めてよい、とされた点にも疑問が残る。メールの秘密は言うまでもなく送信者、受信者双方のものである。通信の秘密性が一方当事者の同意で解除されるのかどうかをめぐっては、１９６３年、吉展ちゃん誘拐事件での脅迫電話を逆探知したことをめぐり、内閣法制局が「発信者が現行犯人であり受信者の要請・承諾がある限り通信の秘密の違反の問題は生じない」との見解を示している。だが、これについて東大教授で憲法研究者の宍戸常寿は論文「通信の秘密に関する覚書」(2013年)の中で、「通信の一方当事者の同意だけで直ちに通信の秘密の侵害が正当化される、と解されたわけではないことに留意する必要がある」と述べている。つまり、「緊急性のある重大犯罪の捜査」という目的も考慮されていたのではないか、という指摘であろう。たしかに、それまでも青少年保護のためのミニメール監視や、迷惑メールのフィルタリングのような社会の受容性の高い事案では、有識者会議などで検討した上で一方当事者の同意があれば問題ないという整理がされてきた。だが、もし、広告というビジネス目的での解析について正面から検討されていたら、果たして、同じ結論になっただろうか。

通信の秘密は、それ自体が憲法で保障された基本的な人権だ。表現の自由やプライバシーを守る上での核心の一つであり、商取引をはじめとする社会・経済活動を円滑化する上でも欠かせないものである。このため、電気通信事業法の中でも、通信の秘密の保護は最も重要な位置づけの一つを占める。総務省にとっては一丁目一番地の政策課題。省内部でも、「大切なものに穴を開けてしまった」と悔やむ声は今も少なくない。

グーグルが日本でサービスを始めた際に、毅然とした対応をとらなかったことが始まりとなり、辻褄合わせのために国内事業者にも同じ手法をバタバタと認めざるをえなくなったのではないか。「国内事業者を海外事業者より不利な状況に置き続けることは競争政策の観点からも難しく、ヤフーにも認めるという結論ありきの検討だった」と証言する関係者もいる。そのしわ寄せは、利用者である国民が負うことになった。

なぜ政府は海外ＰＦにモノが言えないのか。この問題の取材を始めて以来、私はいつも不思議で仕方なかった。だが、この疑問は、私たち取材者を含め、国民全体にブーメランのように返ってくる痛い問いでもある。グーグルが04年にＧメールを始めた時、海外ではプライバシーの侵害を懸念して数多くの市民団体が公開質問状を出すなど批判し、エンジニアやメディアは技術的、法的な検証を重ねてきた。だが、日本での関心は長い間、低いままだったのである。恥を忍んで言えば、筆者はヤフーメールの問題が起きて初めて、Ｇメールがメールを解析していることに気づいた。Ｇメールがサービスをスタートした当時から問題を指摘し、世論が喚起されていたら、状況は違っていたかもしれない。

グーグルは17年、メールの解析を中止すると発表している。だが、この時点で既にグーグルはメールの中身を見なくても、一人一人に「最適」な広告を配信できるほどに膨大な、興味関心や人間関係や生活スタイルなどの個人のデータを集められるようになっていたのだ。私たち日本人の多くが、技術に対する無知や無関心を口実として、手をこまねいているうちに、海外ＰＦは取り返しがつかないほどに巨大化してしまった。

長すぎたイコール・フッティングへの道

実は、森が域外適用の問題を調査しようと思い立った裏には、ヤフーメール問題の経験があった。

電気通信事業法を専門分野とする弁護士の森は、「通信の秘密」の問題では保守派と位置づけられてきた。当時も、ヤフーの採用しようとする考え方が、自分の解釈より緩いことは認識していた。そもそも、Gメールが日本でサービスを開始して以来、日本人ユーザーのメールを読み取り、そのデータを広告に利用していることを問題だと感じていたのだ。だが、Gメールは既に日本で一般的なサービスとして広く使われてしまっている。外国の事業者が日本で展開していることを、日本の事業者ができないという結論には、どうしても納得できなかった。結局、総務省とヤフーの方針に賛成し、「ヤフーの事業は許されるべきである」との論稿を複数のメディアで積極的に書いたのである。

この一件以降、森は対等の立場で競争できる条件、いわゆる「イコール・フッティング」を求め、あちこちで「域外適用」の拡大を激しく主張するようになる。そして、プラットフォーム規制に関する政府や民間の研究会では顔を見ないことはほぼないような「常連」となっていく。

検討会の場では、しばしば一部の研究者から「域外適用は外国の主権を侵害するのではないか」という後ろ向きの意見が出た。そういう場面で森はいつもムキになって反論していた。「そんな考え方は日本独自のものではないか。ＥＵのＧＤＰＲ（General Data Protection Regulation、一般データ保護規則）はどうなのか」。ＥＵの個情法であるＧＤＰＲは、最高２０００万ユーロ（約26億４０００万円）、または前会計年度の全世界の売上高の４％のうち大きいほうという巨額な制裁金で有名であるが、その制裁金は、ＥＵ域内の市民にサービスを提供しているのであれば、たとえ日本や米国の企業であっても科されるのである。ＧＤＰＲを引き合いに出されると、反対していた委員らも黙り込んでしまうのだった。

当時を振り返って森は「ヤフーメール問題では、イコール・フッティングを実現しようと思う余り、消費者の権利という面では保護レベルを落としてしまった」と苦笑いを浮かべる。「今度は、消費者の権利を守る方向で一国一制度のルールを作りたい」。

ヤフーメール騒動から８年。20年５月15日、改正電気通信事業法が成立した。森も委員として参加して18年10月から始まった総務省の有識者会議「プラットフォームサービスに関する研究会」の提言を受けたものだ。これまで、サーバの設置場所を基準に規制対象を決めていた同法の解釈を変更し、日本でサービスを提供していれば、たとえ日本国内にサーバや活動拠点がなくても法の適用対象となる、としたのである。今後は、グーグルなどの海外事業者にも電気通信事業者としての届出を求め、国内に代表者または代理人を置くことも義務づける。「通信の秘密」の保護などに支障があれば、業務改善命令を発動できるようになる。

だが、「あまりにも長かった」と振り返るのは、その後ヤフーを退職し今はコンサルタント会社「紀尾井町戦略研究所」を経営する別所だ。「技術が猛烈なスピードで変化する時代に、一つの法律を変えるのに、こんなに時間がかかってしまって良いのだろうか」。インターネットを介してビジネスが容易に国境を越える時代、さらには社会や経済がデータを中心に回る時代に変わろうとしていたこの十数年、変化に迅速に対応できなかったのは通信分野にとどまらない。知財、税、そしてデータ保護を含む消費者行政。その間、どれだけの競争機会が失われ、日本の産業が脆弱になったか。そして、日本の規制を受けないままにサービスが提供されることで、どれだけ消費者である私たちの権利が奪われたのだろうか。

3　第187回国会参議院財政金融委員会（平成26年11月18日）
https://kokkai.ndl.go.jp/#/detail?minId=118714370X00720141118&current=2

4　アマゾンの場合、Amazon.com Sales, Inc. のように、日本に住所を持つ代表者を置いて国内に登記をしている外国会社もあるが、日本で展開する全てのサービスを網羅しているとは言えない。

2章　フェイスブックとグーグルはあなたのすべてを知っている

マイクロターゲティングが民主主義を揺るがす

振り返ってみると、２０１６年は世界のあり方を変える時代の転換点だったと言えるかもしれない。米国でトランプ政権が誕生し、英国でブレグジット（ＥＵ離脱）が選択された年だった。その投票結果に大きな影響を与えたとされているのが英国の政治コンサルティング会社ケンブリッジ・アナリティカである。

同社がフェイスブック（以下、ＦＢ）ユーザーの膨大なデータを使って投票行動を左右しようとしたとされる問題は、元社員、クリストファー・ワイリーの告発によって18年3月に発覚した。ワイリーが英国議会に提出した証拠文書や証言によると、同社はＦＢのデータをもとに最大８７００万人のユーザーに対してプロファイリングを行った上で投票行動の誘導に関与したという。

対象者の詳細な情報を入手して、その人物に最も効果的な働きかけをピンポイントで行う。こうした手法は「マイクロターゲティング」と呼ばれる。世界に大きな波紋を広げたこの問題は、プラットフォーマーが推し進めてきたターゲティング広告のビジネスモデルが、行き着くところまで行けば民主主義を破壊しうることを思い知らせた。このことの詳細は13章で検討しよう。本章では、そもそもFBはなぜ、それほど詳細な個人データを集めることができたのだろうか、ということを確認したい。この問題を考える上で、避けて通れないのがインターネット広告とクッキー（Cookie）や広告IDなどの仕組みへの理解だ。FBは世界最大のSNS運営会社でもあるが、グーグルと同様、その本質は広告事業者であり、収益の大半は広告が占めている。

個人データ収集のカラクリ

この章では少し回り道かもしれないが、本書全体の前提となるため、PFによるデータ収集の仕組みを説明したい。ネット広告に精通している人は、飛ばし読みしていただいて構わない。

世界最初のインターネット広告は1994年、『Wired』誌のデジタル版「HotWired」に掲載されたバナー広告とされる。2年後の96年には「Yahoo! JAPAN」に日本初のバナー広告が掲載された。

黎明期のインターネット広告は、媒体社《メディア》が固定枠を広告主に売って、あらかじめ決められた広告を表示する「純広告」（予約型広告とも呼ばれる）が中心だった。同じサイトの同じページには、どの閲覧者が見ても同じ広告が表示されるタイプである。だが、「アドサーバ」と呼ばれる、広告の配信や管理に特化したサーバが登場したことで状況が変わっていく。媒体のコンテンツと広告が別のサーバから配信され、閲覧者の画面で組み合わされて表示される。つまり、閲覧者ごとに違う広告の表示が可能になったのである。

アドサーバは当初、媒体社によって管理されていたが、広告会社など第三者が管理する「第三者配信」が主流となり、さらには複数の媒体の広告枠を束ねて管理する「アドネットワーク」が形成されるようになる。これにより、広告配信の効率化は一気に進んだ。広告主側にとっては、アドネットワーク事業者1社に発注すれば複数サイトに同時配信でき、媒体社にとっても幅広い広告主からの受注が期待できるようになったのだ。

２０１０年頃には広告枠の取引市場（アドエクスチェンジ）も誕生し、広告の主流は「運用型広告」に移っていく。広告主側は広告効果を最大にできる出稿先を、媒体側はいかに多くの枠をより高く売れるかを、それぞれ求めることになる。広告主のためにはＤＳＰ（Demand Side Platform）、媒体のためにはＳＳＰ（Supply Side Platform）と呼ばれるツールやそれを扱う事業者が登場し、リアルタイムの入札によって落札された「最適な」広告が瞬時に表示される仕組みが形成されていった。

アドテクノロジーの進化で膨大なデータ処理が可能となるにしたがって、徹底して追求されるようになったのが広告の「最適化」だった。つまり、最適な相手に最適な瞬間に広告を表示し、広告効果を最大限に高めようとしていったのだ。

インターネット広告は大きく分類すると、検索サイトの画面上に表示される「検索連動型広告」と、ウェブサイトやアプリ上の広告枠に表示する「ディスプレイ広告」に分けられる。前者が、検索キーワードに関連する広告を表示するため文脈解析技術を高めていったのに対し、後者は「人」へのターゲティング技術に傾注していった。代表例が2000年代半ばに登場した行動ターゲティング広告である。閲覧履歴や購入履歴などウェブ上の行動から、その閲覧者の興味関心や属性を推測し、その人に「最適」の広告を表示する。その推測は年を追って詳細になった。「性別」「年齢」「居住地域」「家族構成」「年収」「職業」「保有する車の車種」などから、興味関心も「読書傾向」「憧れの旅行先」「健康食品への関心」「好きなコスメ」……などと数千項目に細分化されていると言われる。

こうした閲覧者のデータ収集を可能にしているのが、ブラウザを識別するクッキーやスマホの端末を識別する広告ＩＤ、そして2000年代半ばに急速に進化したプログラム

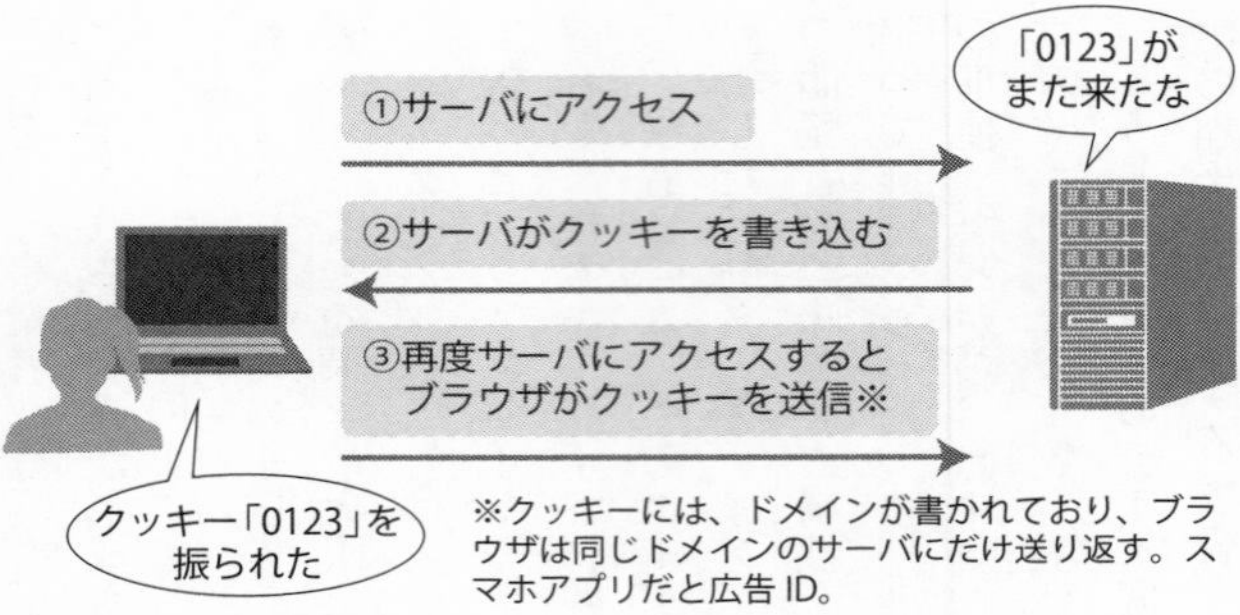

※クッキーには、ドメインが書かれており、ブラウザは同じドメインのサーバにだけ送り返す。スマホアプリだと広告ID。

図表1　クッキーの仕組み①　1P クッキー

JavaScript の活用である。

　クッキーとは、ウェブサイト提供者が、閲覧者のブラウザに一時的に書き込むデータで、閲覧者の識別や認証のために使われる。例えば、ユーザーがウェブサイトAを閲覧した際、Aのサーバはユーザーのブラウザにクッキーを送りつける。2度目以降にAを閲覧すると、ブラウザはこのクッキーを送り返すため、Aのサーバは同じ閲覧者が訪問したことを確認できる（図表1）。これはユーザーが訪問したウェブサイトが発行したクッキーなので、ファーストパーティ・クッキー（以下、1Pクッキー）と呼ばれる。

　例えば、ユーチューブを見れば、グーグルはあなたのブラウザに1Pクッキーを書き込み、クッキーを消去するまで識別され続けるというわけだ。

　これに対し、ユーザーが訪問したウェブサイト以外の第三者が発行するクッキーをサードパーティ・クッキー

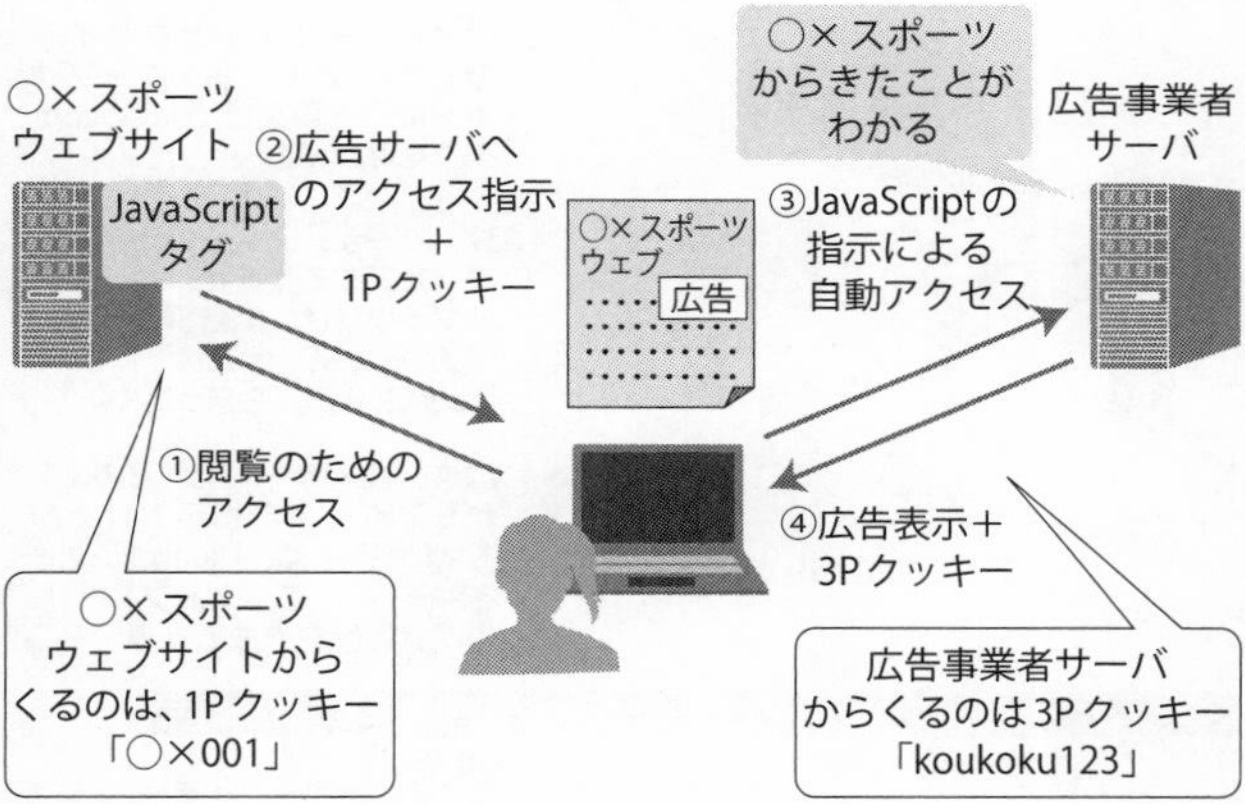

図表2　クッキーの仕組み②　3Pクッキー

（以下、3Pクッキー）と呼ぶ。例えば、ウェブサイトAと広告事業者Xとが提携し、Aのサーバ上にXが用意したJavaScriptを設置する。JavaScriptによって閲覧者のブラウザに「Xのサーバにアクセスしろ」と指示を与えると、このブラウザはXのサーバにアクセスする。するとXのサーバもこのブラウザにクッキーを発行する。これが3Pクッキーで、ユーザーはアクセスしたつもりのないXにブラウザを識別されることになる（図表2）。

この時、Xはリファラ（ブラウザがサーバに送信する、リンク元サイトのURL）を参照すること等によって、このユーザーがサイトAからの訪問者であることを把握する。もし、Xが、サイトAばかりでなく、サイトBやCやDにも同じようにJavaScriptを埋め込んで、ユーザ

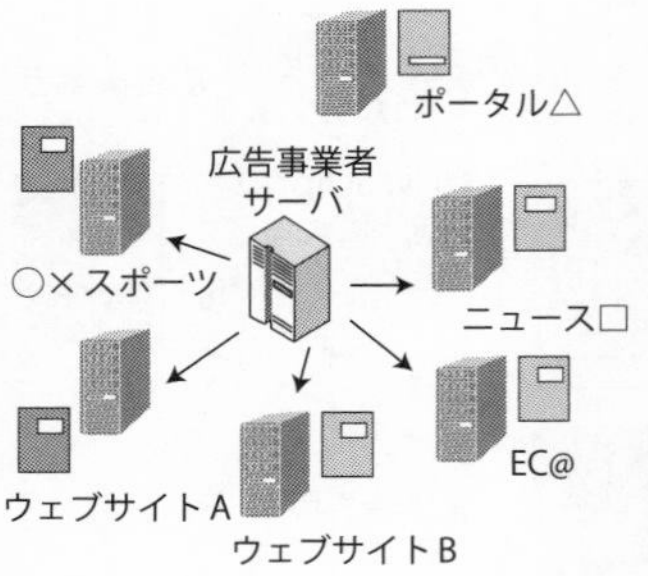

○×スポーツのウェブサイトと同様に、あちこちのウェブサイトに広告事業者がJavaScriptタグを貼っておく。

ユーザーが、それらのサイトにアクセスするごとに、ユーザーのブラウザは、広告事業者サーバからもらったクッキー「koukoku123」を送ってくる。

広告事業者サーバは、どの1Pからアクセスを指示されたかもわかるため、「koukoku123」をキーにして、ウェブサイトの閲覧履歴を作成できる。

koukoku123のブラウザのアクセス履歴	
日時	アクセス先
2021/06/01　22：10	○× スポーツ
2021/06/01　22：18	ウェブサイト A（ランニングシューズ）
2021/06/02　19：30	ウェブサイト B（引越し業者）
2021/06/02　19：52	ウェブサイト C（引越し業者）
2021/06/02　20：05	ポータル△
2021/06/04　20：30	ニュース□
2021/06/04　20：46	EC@

図表3　クッキーの仕組み③　クッキーをキーとした名寄せ

ーにアクセスを要求すると、XはこのユーザーのBやCやDの閲覧状況も把握できる。Xが多くのサイトと提携すればするほど、ユーザーのウェブ上の様々な行動履歴はクッキーを介して統合されていくことになる。JavaScriptの指示内容によっては、単にアクセス要求だけでなく、ポインタの位置やクリックの有無、入力内容などの情報を送信させることも可能で、例えばニュースサイトでどんな記事をどのくらいの時間をかけて読んでいたのか、何をクリックしたのか、どんな言葉を入力していたのか、どんな商品を購入したのか、といった情報を得ることも可能だ。

ユーザーの立場から見れば、ブラウザに紐づく情報とはいえ、自ら望んでアクセスしたわけでもないXに、興味関心についての情報を把握されてしまうことになる（図表3）。パソコンの場合、ブラウザを識別するクッキーが中心だが、スマホの場合、端末を識別する広告IDも活用される。

こうした仕組みの性格上、データをたくさん集めるためには、いかにユーザーとの接点を多く確保するかが大切だということがわかるだろう。一つには、検索サイトや動画サイト、SNSなど多くのユーザーがアクセスする人気サイトを自前で持つ、つまり1Pとしてデータを収集する方法。そしてもう一つが、できるだけたくさんのウェブサイトにJavaScriptを設置してもらい、3Pとしてデータを集める方法だ。グーグルやFBはそのどちらの方法でも大量にユーザーのデータを集めている。

「いいね！」の別の顔

親指を立てたマークがお馴染みのFBの「いいね！ボタン」。これは、FB上だけでなく、FB以外のウェブサイトにも設置できるソーシャルプラグインである。ウェブサイトの訪問者がクリックすれば、そのコンテンツに対する訪問者の関心度が測れるだけでなく、そのコンテンツへの評価がFB上の「友達」に共有され、拡散させることもできる。

今やウェブサイトを利用して目にしない日はない。東京のデータ解析会社データサインの調査によると、19年12月現在、国内約18万サイト中、約2万8700サイトで設置が確認された。筆者が18年1月末現在で調べたところ、国内売上高トップ100の上場企業で半数以上、中央省庁など公的機関では、首相官邸、外務省、財務省、警察庁、国家公安委員会、農林水産省、陸・海・空自衛隊、会計検査院が設置していた。

「いいね！ボタン」をクリックすれば、FBに何らかの情報が送信されることは容易に想像がつく。だが実際には、クリックの有無に関係なく、ボタンが設置されたウェブサイトを閲覧しただけでFBのサーバにアクセスし、閲覧情報などを送信する。「いいね！ボタン」の実態はFBが外部サイトに設置するJavaScriptであり、先述の仕組みによって外部サイトの閲覧状況をFBに送信させるためのツールなのである。

ここで注意が必要なのが、実名登録による利用を原則とするFBの場合、同社はユーザーの個人情報を保有している点だ。つまり、サイトを閲覧したブラウザからFBに渡される閲覧情報はクッキーに紐づけられただけの「非個人情報」だが、FBに到着した瞬間にクッキーをキーとして個人情報と結びつけられ「個人情報」に変わる。簡単に言ってしまえば、F

Bはどのユーザーが FB の外のどんなウェブサイトを閲覧しているか、何に興味を持っているかという「個人情報」を大量に取得しているということだ。

FBによれば、国内の月間アクティブユーザー数は19年3月時点で2600万人、傘下のインスタグラムは3300万人だという。国内の少なからぬウェブサイトが「いいね！ボタン」を設置していることを考えると、膨大な個人情報がFBに集積されていることがわかる。

自分のどんな情報がFBに送られているか知りたい人は、「設定とプライバシー」の中の「プライバシーセンター」画面で「FB外のアクティビティ」を見れば、一部が確認できる。このサービスが始まった20年1月直後に筆者が確認した際は、ニュースサイトやブログ、飲食店やイベントの予約サイトなど、自分が半年間に閲覧した履歴200件以上が並んでいた。

いずれにしても、こうしたサイトの運営会社は、FBのJavaScriptを設置することによって、FBにユーザーデータという「宝の山」を無償で提供していることになる。先述したとおり、これがターゲティング広告の効果を上げるための原材料のようなものだからだ。

広告メニューの中には、顧客のメールアドレスや電話番号をFBに提供し、その顧客自身のFB上のページに広告を掲載する「カスタムオーディエンス」のほか、その顧客と似た属性や興味関心を持つFBの他のユーザーに表示させる「類似オーディエンス」などもあり、いずれもドル箱である。

こうして手にした世界の延べ約27億9700万人（FB発表、21年1月時点の世界の月間アクティブユーザー数）に関する膨大なデータは、莫大な利益を生んでいる。FBが20年7月に発表した第2四半期決算は総売上高186億9000万ドル（約2兆295億円）。コロナ禍で経済全体が落ち込む中でも、前年同期より11％増加し、その売上高のほぼすべてを占める広告収入も10％増の183億2000万ドル（約1兆9893億円）となった。

338・56％！

クッキーや広告IDに紐づけられた個人の情報を集め、自らの保有する個人情報と突合して個人情報を太らせていく手法は、もちろんFBの専売特許ではない。その情報集積の力において他の追随を許さぬ存在として君臨しているのがグーグルである。

例えば、2020年9月現在のデータサイン社調査では、国内の上場企業3680サイトで使われている外部ツールの上位7位までをグーグルのサービスが占めている。最も多いのが無料のアクセス解析ツールであるグーグルアナリティクスで、全体の89・86％のサイトで利用されている。2番目に多い「ディスプレイ&ビデオ 360」もグーグルの広告配信用ツールで、62・72％のサイトが設置している。3番目がグーグルの提供するウェブフォントである「グーグルフォント」で54・13％、4番目がグーグルの各種広告用ツールがセットになった「グーグルタグマネージャー」で34・16%……。ユーチューブやグーグルマップ、カスタム検索なども合わせてトップ15位までのグーグルのサービスの利用率を単純に足し上げると、338・56%になる。

これは、日本のインターネットユーザーが上場企業のウェブサイトを閲覧すれば十中八九、自分の閲覧情報をグーグルに提供することを意味する。そしてそれらはグーグルに蓄積され、ほかのサイトの閲覧履歴や検索履歴、位置情報などと突合され、広告事業に活用される。

例えば、上場企業の9割近くが入れているグーグルアナリティクス。一定のボリュームまでは無料で使えるサービスで、そのサイトの閲覧者数（ブラウザや端末ベース）や、どのページをどのくらいの時間閲覧したのかなどがわかるJavaScriptである。デフォルト設定で解析できるのはその程度だが、「広告機能」を「有効」にすれば、サイト閲覧者の推定年齢層や性別、興味関心などの統計データも入手できる。これが可能になるのは、FBのケースで説明した手法と同様、閲覧者のブラウザや端末を自動的にグーグルの広告サーバにアクセスさせ、クッキーや広告IDをキーとして、既にグーグルが保有しているその閲覧者のデータと突き合わせているからである。グーグルはサイト運営者には統計データしか渡さないが、自らは閲覧者の個別のデータを手に入れることになる。

そしてグーグルの凄みは、こうして外部サイトから集めたウェブ上の行動履歴だけでなく、それらを自社サービスでのユーザーのアカウントと結びつけ、ユーチューブやGメール、グーグルマップやグーグルドライブなどの利用履歴と突合していることだ。そのアカウントをパソコンやスマートフォンなど複数の端末で使えば、端末をまたいだ利用履歴や閲覧履歴の追跡（クロスデバイス・トラッキング）も行われる。

アンドロイドOSのスマホでは、セットアップ時にグーグルアカウントにログインするよう促される。スキップするとグーグルのアプリが使えなくなるので、ほとんどのユーザーはグーグルのアカウントを持つことになる。たとえアイフォンを使っていたとしても、グーグルのアプリを入れれば、支払い情報、名前やメールアドレスなどの連絡先情報、閲覧履歴や検索履歴、写真やビデオなどのユーザーのコンテンツ、ユーザーIDやデバイスID、位置情報など……様々なデータをグーグルに提供することになる。これらは20年11月からアップルがアプリ配布ページでアプリ提供者に開示を義務づけた「プライバシーラベル」で確認できるようになったのでアイフォンを使う人はぜひ確かめてほしい。

リアルにも伸びる収集の網

スマホを制することは、グーグルにとって、ユーザーのオンラインのみならずオフラインでの情報も手に入れたという意味で大きかっただろう。

もし、アンドロイドOS搭載のスマートフォンを使っているなら、自分のグーグルアカウントをチェックしてみてほしい。「タイムライン」を見ると、自分では入力した覚えもないのに、いつの間にか自分の行動履歴が克明にそこに記録されていることに驚くだろう。

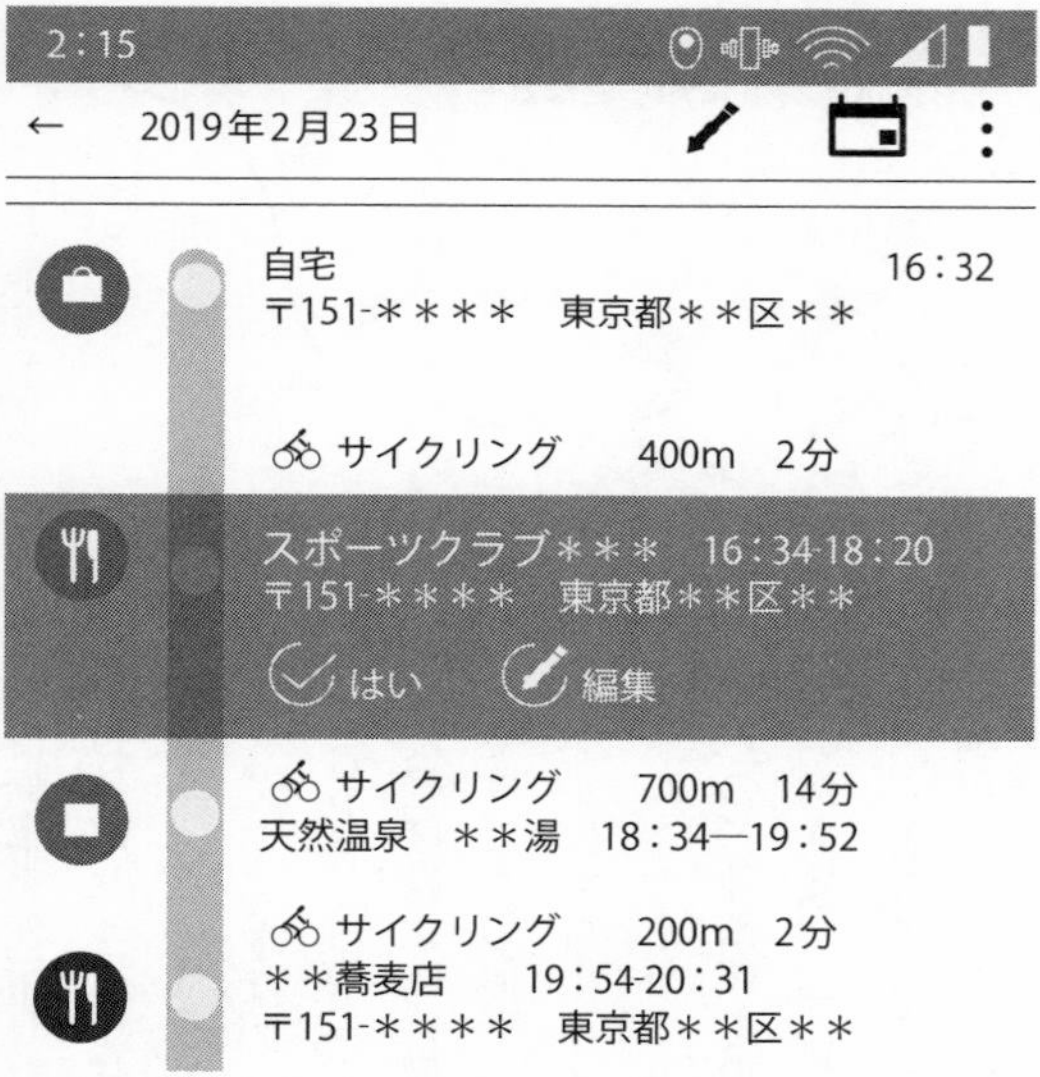

図表4　グーグルのタイムライン（イメージ）

例えば、ある日私は、自宅からスポーツジムに行って運動した後、近くの銭湯に移動し、さらに蕎麦屋に寄って帰宅した。タイムラインにはそうした行動の一つ一つが時刻から店名まで記され、しかも見事に当たっているのである（図表4）。

グーグルは、スマホの位置情報をもとに移動状況を追い、加速度や動きなどから、徒歩ではなく、

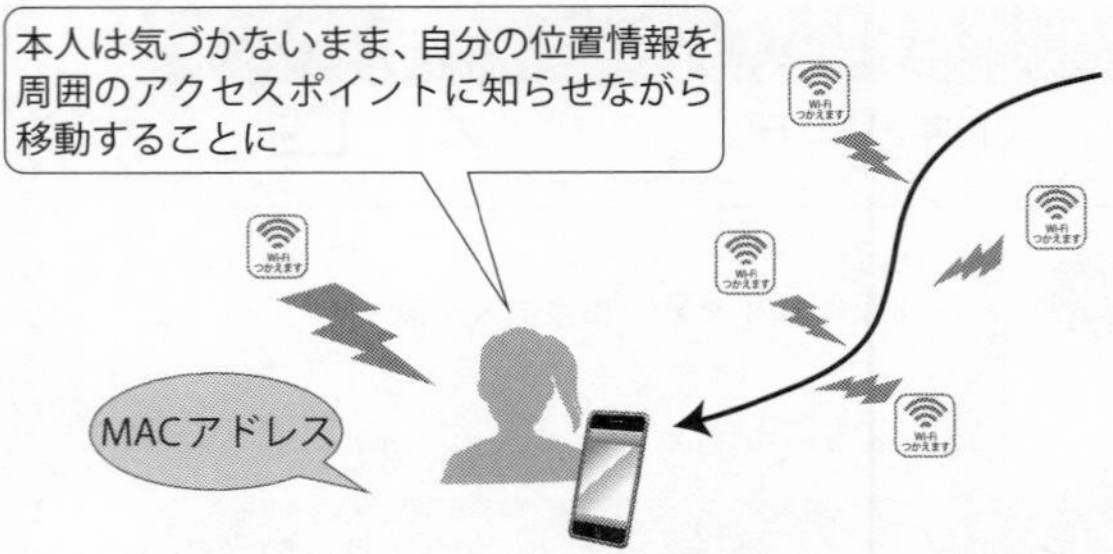
本人は気づかないまま、自分の位置情報を周囲のアクセスポイントに知らせながら移動することに
MACアドレス

図表5　ワイファイをオンにしたままスマホを持ち歩いていると

自転車を使用したことなども推定している。だが、蕎麦屋は雑居ビルの中にある。なぜビルの中のたくさんの店の中から、どの店を利用したのかわかったのか。

グーグルはスマホのOSを通じて全地球測位システム（GPS）位置情報を収集している。ただ、GPSでは緯度経度は正確に測れても、高度は測れないので、それだけではビルの何階にいるかはわからないはずだ。だが、グーグルはさらにワイファイ（Wi-Fi）、ブルートゥース、モバイルネットワークからの位置情報、内蔵のセンサーなどからの各種情報を使って、どの店にいるのか追跡できるのだ。

例えば、「プローブ（探索）データ」。スマホでワイファイの設定をオンにしたままにしていると、スマホは通信を利用していない時でもワイファイのアクセスポイントを自動的に探索し、MACアドレスと呼ばれる端末固有の識別子を周囲に向けて発信している。この識別子を捕捉することで、その端末の位置情報を入手できる（図表5）。そして、これは受信用の装置を置くだけで簡単に取得できる。街中に大量の受信機を設置すれば、MACアドレスからそれぞれのスマホの動きをトラッキング（ユーザーの閲覧行動を追跡すること）が可能になる。

例えば、グーグルマップやグーグルマイビジネスで表示される、道路や店舗の混雑状況を伝えるサービス。あるいは、特定の広告やウェブサイトを閲覧した端末の所有者がその後、実店舗に足を運んだかどうか追跡することによって来店率などを広告主に提供するグーグルの「来店コンバージョン」。こうした便利なサービスを、グーグルは私たちの情報端末の動きを知ることで、実現しているのである。

法が手つかずの「グレーゾーン」

それにしても、ユーザーのプライバシーに関わるデータが、なぜ、ユーザー本人の関与なく、これほど自由にやりとりされているのか。

一つには、日本の個情法の「個人情報」が「生存する個人に関する情報であって、……特定の個人を識別することができるもの」と定義され、どこの誰の情報であるか、という点にこだわってきたという事情がある。これまで見てきたようなウェブ閲覧履歴やスマホの位置情報などは、端末ＩＤやクッキーなど情報端末やブラウザを識別するＩＤに紐づけられてやりとりされるが、これはあくまで端末やブラウザを識別する情報であって、どこの誰の情報かは特定できない、という理由から、単体では個人情報に当たらないと整理されてきた。従って、個人情報なら必要なはずの取得の際の利用目的の明示や通知、第三者提供の際の同意の取得などの義務が課されず、自由に取り扱うことができた。

だが、デジタルデータは瞬時の検索も突合も容易である。FBの「いいね！ボタン」が示すように、ある時点では個人情報ではない情報でも、他の情報と結びつくことによって個人情報に簡単に変わる可能性はある。当然、プライバシー侵害に当たる恐れもある。

EUの場合、どうだろう。日本の個情法に当たるGDPRの定義する個人データは「識別された、または識別されうる自然人に関するすべての情報」で、「自然人の氏名」のほか、「識別番号」「位置情報」、「メールアドレス」「オンライン識別子（IPアドレス、クッキー識別子）」「身体的、生理学的、遺伝子的、精神的、経済的、文化的、社会的固有性に関する要因」などが含まれている。GDPRでは規制対象であるが、日本の個情法では対象とならない、広大なグレーゾーンが広がっていた（20年の法改正で「個人関連情報」という概念が創設されたが、これについては7章で後述したい）。

＊

かくして、PF事業者、ことにグーグルは、他の広告事業者とは比較にならないほど、オンライン・オフラインにおける閲覧者の詳細なデータを保有するに至った。すでにおわかりの通り、閲覧者のデータがあるほど広告枠は高く売れるので媒体側はグーグルを使うし、広告主としても広告を届けたい相手にピンポイントで届けられるグーグルに依頼したい。しかも、グーグルは16年から、ユーチューブ上の広告はグーグル以外のDSPからは購入できなくしたので、ユーチューブに動画広告を出したければグーグルを使うしかなくなった。

こうして売るほうも買うほうもグーグルに集中していく。21年4月に公表された内閣官房デジタル市場競争本部事務局の報告書によると、グーグルは日本の媒体側のアドサーバの8～9割、SSPの5～6割、DSPの6～7割を占めているという。つまり、グーグルはインターネット広告について、媒体から広告主までの全レイヤーでの垂直統合を達成しているということだ。もちろんその武器は、ユーザーのデータである。

3章　データに無頓着な行政機関

まるで「一人消費者団体」のブロガー

「うちのウェブサイトを見た人のデータを、グーグルが広告に使っている？　まさか、そんなことはないと思いますよ」

農林水産省の広報担当職員は、困ったような笑顔を浮かべて繰り返した。２０２０年1月中旬。同省のウェブサイトにグーグルアナリティクス（以下、ＧＡ）の JavaScript を設置している理由を教えてほしいと、筆者が取材に訪れた時のことだ。

その少し前、筆者はセキュリティ研究者の高木浩光からこんな話を聞いていた。「政府のサイトを閲覧すると、閲覧データがグーグルの広告用サーバに送信されるようになっている。広告なんて掲載してないのに変じゃないか」――と。高木は、本業は国立研究開発法人産業技術総合研究所の主任研究員だが、強力な発信力を持つ著名なブロガーでもある。日本のセキュリティとプライバシーに少しでも携わる人であれば、知らない人はいないだろう。インターネット黎明期からセキュリティとプライバシーの問題点をあぶり出し、企業から恐れられてきた。

パーソナルデータの使い方に問題のある企業を容赦なく攻撃し、「炎上」させる。その手法が過激すぎると批判する人もいた。だが、欧米のようにテクノロジーや法の知識が豊富な市民団体が不在の日本で、ある時期、間違いなく市民の目線から議論をリードしてきた人物だった。

ウェブサイト閲覧中に、自分のブラウザが裏でどこに通信しているかを調べるのは実はそれほど難しいことではない。ブラウザの種類にもよるが、グーグルのクロームなら右クリックして「検証」を選択し、現れた画面の「ネットワーク」をチェックすると、ある程度のことはわかるのだ。だが、日本のユーザーで、自らのプライバシー情報がどこに送られているか、いちいちチェックする人は少ないかもしれない。高木はそうしたユーザーの代わりに、いわば「一人消費者団体」のような役割を担って、あれこれ調べているとも言える。

筆者もサイトをチェックしてみた。たしかに「googleads.g.doubleclick.net」に飛ばされているようだ。ダブルクリックは07年にグーグルに買収された広告配信会社で、今はそのアドネットワークはグーグルのターゲティング広告などに使われている。つまり、ブラウザが自動的にグーグルの広告用サーバにアクセスしていることを示している。

仕組みを理解しているのか？

高木の推論は、「ひょっとして、GAを入れているせいではないか」というものだった。

前章でも少し触れたが、GAは一定のボリュームに達するまで無料で使えるアクセス解析用サービスだ。グーグルの提供するJavaScriptをウェブサイトに設置すると、そのサイトの利用状況を分析できる。ただ、もともと計測できるのは端末やブラウザごとの閲覧件数や、ページの滞在時間、どのサイトから移動してきたのかという流入経路などにとどまっていた。ところがある時期から、オプション機能が加わり、その端末を使っている人物の性別や年齢、興味関心などに関する統計レポートも受け取れるようになった。しかも無料で、だ。

閲覧者は通常、自分の名前は明かさずにウェブサイトにアクセスする。普通に考えれば、アクセス解析でわかるのは端末やブラウザごとの利用状況のはずだ。それでも、閲覧者の情報がわかるようになったのは、グーグルがGAと広告用サービスをリンクさせたからだ。GAで「広告機能」を有効にしておくと、サイト訪問者のブラウザを自動的にグーグルの広告用サーバにも誘導し、クッキーをキーとして、このブラウザの閲覧データがグーグルの既に保有するその閲覧者の情報と結びつけられるのである（図表6）。

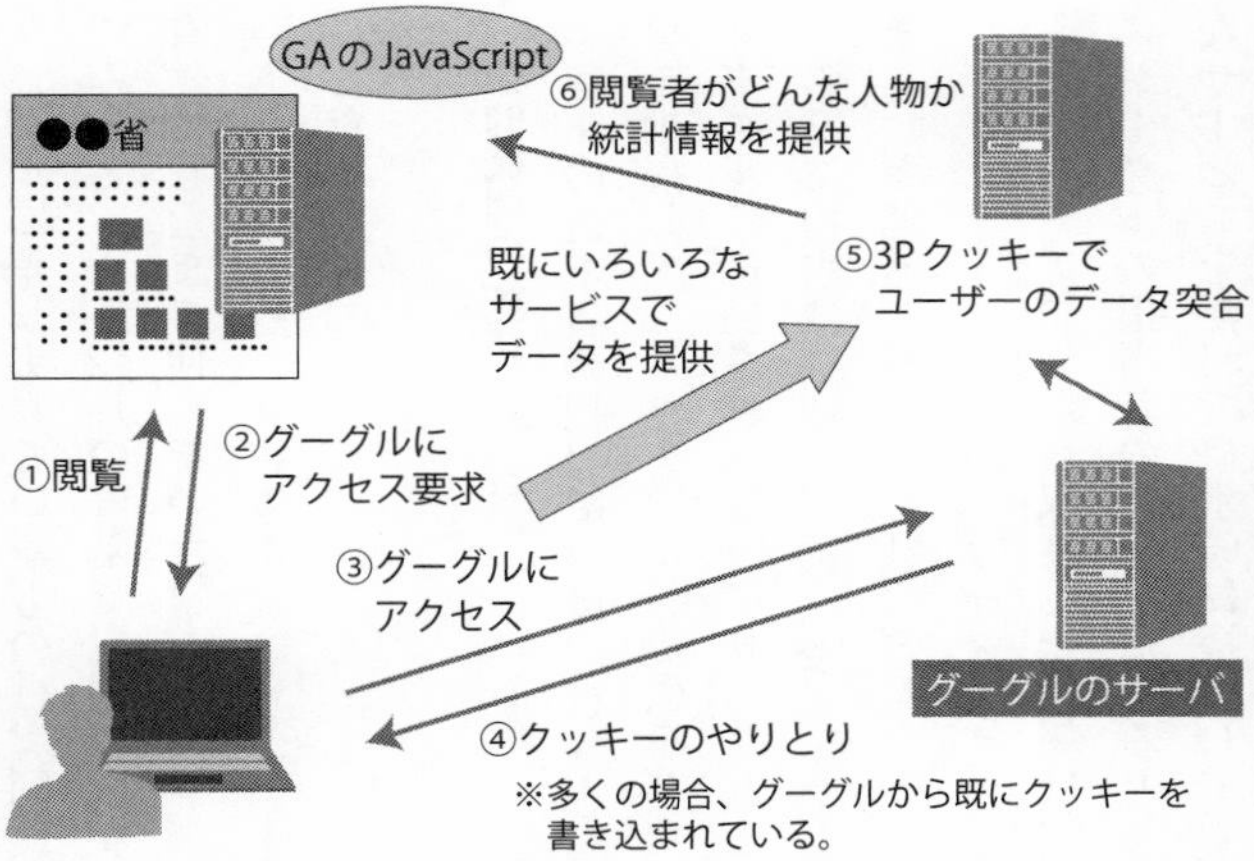

図表6　広告機能オンのグーグルアナリティクス（GA）の仕組みイメージ

グーグル側から見れば、広告機能つきのGAを利用するサイトが増えれば増えるほど、閲覧者の情報は膨らみ、その媒体の閲覧者にぴったりの広告を表示できるようになるから、広告効果を高める……という構図は前章で述べた通りだ。ウェブサイト側から見れば、効果的な広告の配信によって高い収入を得やすくなるが、それと引き換えに、自らのサイトを訪問したユーザーの情報はグーグルに無償で提供することになる。それでも、広告収入を得ているウェブサイトがグーグルの広告ツールを使うことは、ある意味で合理的な選択とも言えるだろう。

だが、広告を掲載していない政府のウェブサイトが、なぜこれを使うのか。しかも、グーグルに差し出しているものは、国民の行政に対する興味関心を示すデータである。調べてみると、19年12月の段階で、国の主な35行政機関のうち12ものサイトがＧＡの広告機能を有効にしたまま使っていた。

「もしかすると、仕組みを理解しないまま入れているのではないか——」。高木の予感は的中した。

公的機関の責務

冒頭の農水省の担当職員は、ＧＡを導入していることは認めるが、「サイト訪問者の関心事を把握して、よりよい情報提供をしたいから」と言うばかりで、その結果、閲覧データがグーグルに提供され、広告に利用されることはなかなか信じてくれなかった。職員はグーグルの営業担当に確認し、数日後、「グーグルの担当者は『グーグルは使わない』と言っています」と連絡してきてくれた。

だが、グーグルのウェブサイトをよく読んでもらいたい。「グーグルのサービスを使用するサイトやアプリから収集した情報は、グーグルが使う」とはっきり謳っている。[5]

「グーグルの担当者の言葉を信じるとして、じゃあ、グーグルは何の目的で、こんなに便利なサービスを無料で農水省に提供してくれると思うんですか」と重ねてきくと、職員は黙ってしまった。

グーグルは無料サービスの提供と引き換えに、そのサービスを使うサイトの利用者のデータを無料で手に入れる。つまり、行政機関がグーグルのサービスを使うということは、行政についての国民の関心という大切なデータを、グーグルに無償で渡すことになる。

行政機関には、ウェブサイトによって国民に必要な情報へのアクセスを保障する責務があるはずだ。グーグルに閲覧履歴を知られたくない人にアクセスをためらわせることがあってはならないだろう。だが、厚生労働省のサイトでは、「医療・健康」というページに、広告機能を有効にしたGAが埋め込まれていた。難病指定の動向や、特定の医薬品の情報なども掲載されていて、閲覧すれば自分や家族がその病気を患っている可能性がある人、と分析される恐れもある。

欧州では過去に公的機関がグーグルのJavaScriptを入れて問題視されたこともあり、現在は、ツール提供元にはデータを渡さないタイプのアクセス解析ツールを使うことが主流になっている。公的機関用にデータ利用を限定するタイプも用意されているのである。日本政府も、仮にサイトへのアクセス状況を詳細に把握する必要があるなら、外部事業者のデータ利用を制限する公的機関用のサービスがないのか確認すべきであるし、海外では用意しているのに日本では対応していないのであれば、改善を要求すべきだろう。

すべて業者に「お任せ」

だが多くの省庁は、国民のデータを守る責務以前に、そもそも「データの価値」というものを意識さえしていないように見えた。サイトの構築や運用の委託業者に「お任せ」で、「便利なアクセス解析のツールがありますよ。入れますか?」と勧められるがままに入れていた省庁は少なくなかったのだ。

特許庁の場合、14年にウェブサイトをリニューアルした際、サイト構築を請け負った大塚商会に提案され、GAを入れたという。だが、広告機能を有効にしていた理由は、現在の担当者は把握しておらず、筆者の依頼に応じて当時の担当者から聞き取りをしてくれた。だが、返ってきたのは「当時の担当者も明確な意図をもって採用したわけではなかったようだ」というものだった。「広告を使うわけではないし、閲覧者の年齢や性別が必要なわけでもなかったのだが、大塚商会に勧められ、追加料金は発生しないということだったから……」と話していたという。今の担当者は「問題意識が足りなかったと言われればそうかもしれない。でも、悪気がなかったということだけはわかってほしい」と弁明する。

運輸安全委員会も、やはり「お任せ」パターンだった。導入当時の担当者は、「マーケティング会社に発注したが、年齢や性別までわかるオプション機能をつけてくれと頼んだ覚えはない」と述べたという。今の担当者は「業者にすれば、無料なんだから詳しい解析ができたほうがいいだろうという親切心から勝手に入れてしまったのではないか」と言うが、自身も契約の詳細や広告機能については確認していなかったようだ。「なぜ今まで気づかなかったんですか」と尋ねると、「解析レポートを直接、自分たちが見るわけではないので……」と話していた。

政府のＩＴ戦略をリードする内閣官房情報通信技術総合戦略室（以下、ＩＴ総合戦略室）さえ、「政府ＣＩＯポータル」で広告機能をオンにしたままＧＡを入れていた。委託業者への「要求仕様」を確認してくれたが、性別や年齢などの解析まで要求する内容ではなかったという。「実態をよく確認していなかった」と担当者は話す。

政府はこの頃、グーグルに代表されるＰＦのデータ独占を警戒し、９章以降で詳述するような様々な対策を検討していた。だが、その検討の中心を担う公取委のサイトでさえ、広告機能を有効にしたＧＡを使っていた。

「グーグルにデータを送ってしまうといっても、クッキーや広告ＩＤに紐づけられた閲覧履歴で、個人の名前がわかるわけではない。個人情報ではないのだから、法律には触れない」。これが公取委の担当者の説明だった。しかし、前述のＦＢと同様に、グーグルにアカウントを持っている人の中には本名で登録している人もいる。また、たとえ名前が登録されていなくても、膨大なデータが蓄積されるうちに、特定の個人を識別することが可能な一意の情報、つまり個人情報になる可能性は十分にある。実際にグーグルは、自身のウェブサイト上で、こうした情報は個人情報として認識している旨を説明している。

手元では個人情報ではなくても、移転先で他の情報と突合されれば個人情報になり、利用者の権利を侵害する恐れがあることは2章で既述の通りである。そして、公取委自身、既にこの時点でこうした問題意識に基づくガイドラインを策定していたのである。19年12月に公表した「デジタル・プラットフォーム事業者と個人情報等を提供する消費者との取引における優越的地位の濫用に関する独占禁止法上の考え方」では、問題の対象とする消費者の情報を、「個人情報等」として、個情法の個人情報におさまりきらない個人に関する情報を含めるとの考え方を示している。さらに、脚注では「個人情報以外の個人に関する情報」として具体的に「ウェブサイトの閲覧情報、携帯端末の位置情報等」を挙げていたのである。

こうした問題は、19年夏に発覚したリクルートキャリアによる「リクナビ」問題で、既に広く認識されていたはずだ。これは、リクルートキャリアが就活生のウェブサイト閲覧状況などから内定辞退率を予想してスコア化し、採用企業に販売していた問題である。7章で詳述するが、個人情報保護委員会（以下、個情委）はこの問題で、個人情報の第三者提供時に必要な本人の同意取得がなかったり、わかりにくかったりしたとしてリクルートキャリアを

2度にわたり、勧告、指導している。このうちの一部は、スコアを、学生の氏名ではなく、学生のブラウザを識別するクッキーに紐づけて提供した行為が対象だった。これを機に、20年6月成立の改正個情法では「個人関連情報」が創設された。行政機関の保有する個人情報の取り扱いについては、これとは別に行政機関個情法という法律があったが、いずれ同様の改正がなされるであろうことは予想できたはずだ。

ガイドラインはあったのに……

「要するに、データの重みをわかっていないから、ウェブの仕組みを理解する努力をしないのではないか。ウェブサービスを使うことによって、利用者のデータが誰の手に渡り、どう扱われるか。そこに関心がいかないから、結局、何度でも失敗を繰り返してしまう」。高木と知り合ったのは10年以上前になるが、彼はその頃からしばしば、行政機関の意識の遅れについて焦りともいらだちともつかぬ思いを口にしていた。

実は高木自身、かつて内閣サイバーセキュリティセンター（NISC）に出向し、政府機関の情報システムのセキュリティやプライバシーのルール作りに携わった経験があったのだ。

データの取り扱いをめぐる政府機関の「失敗」は枚挙にいとまがない。

例えば、過去には、行政職員が無料のGメールで業務に関するやりとりをしたり、無料の翻訳サイトを使ったりということが何度も問題になった。そこに書いたものはすべてグーグルに把握され、利用されるからだ。13年には国土交通省や農水省、復興庁、環境省の職員がグーグルのメール共有サービス「グーグルグループ」を、誰でも閲覧できる設定にしたまま使っていることも発覚した。なかでも環境省の場合、国際条約の交渉過程で関係者間の情報共有に利用し、日本の作戦を「ダダ漏れにしていた」として批判を浴びた。

こうした問題が浮上するたび、NISCは政府機関向けの情報セキュリティ対策のための統一基準で禁止事項を追加してきた。

この統一基準の中では、政府の情報システムのセキュリティ要件として、サービス利用者に関する情報が「本人の意思に反して第三者に提供されるなどの機能」をアプリやウェブサイトなどに利用することを禁じている。これは、高木がNISC出向中の13年に、GAのようなケースも想定して盛り込んでおいた規定だった。当時はまだ、複雑なアドテクノロジーの仕組みを理解する人は少なく、第三者のJavaScriptに埋め込むことで閲覧者がトラッキングされる危険を声高に言う人もほとんどいなかった。だが高木は先手を打っていたのである。

統一基準のガイドラインでは問題点をさらに具体的に記載している。

「これに該当する典型的な例は、機関等のウェブサイトを構成する各HTMLファイルの中に、機関等外のサイト（例として広告事業者の広告提供サーバ）のコンテンツを見えない形又は見える形で組み込むことで、機関等のウェブサイトの閲覧者のアクセス履歴を当該広告サーバへ自動的に送信する、いわゆる『トラッキング処理』を行う機能である。（中略）サービス利用に当たって必須ではない、サービス利用者その他の者に関する情報が、本人の意思に反して当該広告提供サーバを運営する第三者に提供されることになる（以下略）」

　つまり、ガイドラインをしっかり読んでいれば、政府機関のウェブサイトに広告事業者の用意したJavaScriptが安易に設置されることは、なかったはずなのである。

　なぜ政府機関は自ら定めたルールさえ守れないのだろうか。18年には日本でもＦＢの「いいね！ボタン」による情報収集が問題となり、個情委はＦＢに対する行政指導に踏み切ったが、その前に「いいね！ボタン」をサイトに設置していた省庁の担当者を内々に呼んでいる。個情委には行政機関に対する監督権限がなく、あくまで「お願いベース」ではあったが、JavaScriptを設置することで発生する問題を縷々説明し、削除するよう求めたと言われている。だが、それとほぼ同じ機能を持つＧＡをサイトに入れ続けている省庁が、その後も少なくとも12機関あったということになる。

　筆者はＧＡの問題を20年3月に『読売新聞』で報じたが、そのさらに半年後の9月、気象庁がサイトで運用型広告の掲載を始め、わずか1日で停止する騒動が起きた。この時、気象庁がサイトに埋め込んだのはグーグルの広告配信のための JavaScript、グーグルタグマネージャーだった。停止に追い込まれた直接の原因は、掲載する広告の内容をコントロールできず、掲載基準に合致しない「不適切」な広告が出るのを止められなかったためだが、仮に継続していたとしても、早晩、セキュリティ統一基準上の問題が指摘されたことだろう。

日本には「ただより高いものはない」ということわざがある。無料で何かを提供されると、結局、無理な見返りを求められて、かえって高い代償を払うことになる、という意味だ。高機能のサービスを無料で使う代償として、グーグルに差し出されるものは利用者のデータである。「一般企業ならまだいいかもしれないが、それが行政機関であれば、差し出すものは国民のデータになってしまう。政府にはその意味を考える責務があるはず」。高木はこうつぶやく。

5 グーグルポリシーと規約「多くのウェブサイトやアプリでは Google のサービスを利用して、そのコンテンツを改善したり無料でサービスを提供したりしています。このように Google のサービスを利用するウェブサイトやアプリは Google と情報を共有します」

4章 無料ビジネスの罠に気づいた先駆者たち

「無償で提供されるサービスの収益源は、サービス提供と引き換えに収集するユーザー情報の収集であり、そこにはプライバシー侵害の可能性がある」。今では多くの人が知るところになったプラットフォームのビジネスモデルにおけるこの問題点を、弁護士の森亮二が強く意識するようになったのは2009年頃のことである。少し時代を遡ることになるが、当時の状況を振り返ってみたい。

この時期は、海外事業者のサービスが日本社会に浸透する中で、様々な問題が生じ始めた頃だと言えるだろう。ただ、今から振り返ると、関係機関はそれが「GAFA問題」であるとの意識はないまま、次から次へと噴出する課題の対処に追われていたように思える。

その一つが、この年4月、総務省に発足した有識者会議「利用者視点を踏まえたICTサービスに係る諸問題に関する研究会（以下、諸問題研）」だろう。ICT時代に登場した様々な新サービスの法的課題を整理し、対策を講じようと作られたものだが、もともとの最大のテーマは当時、全国各地でトラブルとなっていたグーグルストリートビュー問題だった。グーグルマップの一機能であるストリートビューは、もはや説明の必要もないほど普及しているが、日本で08年8月にスタートした頃は、大変な騒ぎだった。「表札や洗濯物が映りこんでいる」「顔が見える」「ラブホテルの入口が見える」などとしてユーザーから画像の削除要請がグーグルに殺到し、自治体も次々と抗議の声明を出していた。09年2月には東京都が情報公開・個人情報保護審議会でグーグルと意見交換をしているが、個情法や肖像権などのプライバシーの問題は整理しきれず、総務省に検討を要請していたのだ。

諸問題研には、ストリートビュー問題について検討する「インターネット地図情報サービスWG」をはじめ、青少年の利用する携帯端末の問題や、次章で述べるスマートフォンのアプリ問題など、様々なWGが設けられた。13年に別の枠組みができるまで、多くの有識者が招聘《しょうへい》され、検討を重ねていくことになる。

森はこの多くに参加しているが、とりわけ印象に残ったのが09年に設けられた「ライフログ活用サービスWG」だった。ライフログとは、ウェブサイトへの閲覧履歴や検索語句、EC（電子商取引）サイトでの購買履歴や携帯端末の位置情報など、情報端末を通じて取得されている利用者の活動の記録である。WGでは、事業者からのヒアリングなどを通じて、こうしたサービスの実態や問題点を洗い出していた。

森も「当時は、これが『プラットフォーム問題』であるという明確な認識はなかった」と言う。だが、一人の男と出会うことで、この問題の輪郭を強く意識し始める。

その人物は、ソフトバンク（当時・ソフトバンクテレコム研究所）のエンジニア、吉井英樹（48歳）。吉井も総務省の別の事業でライフログの活用と保護に関する調査研究（以下、ライフログ研）を手がけており、この研究に森が協力したのだった。

声も体も大きく、冬でも半袖姿で平気で歩き回る、いかにも体育会系という印象の豪快な吉井と、外見は真面目でおとなしそうだが、実は大学時代は空手部でならした武闘派の森。同じ関西出身ということもあるのか、二人は妙に気が合った。

吉井は、独立行政法人情報処理推進機構などが「イノベーションを創出できる優れたＩＴ人材」を認定する「未踏スーパークリエータ」に選ばれたこともある逸材で、最先端の技術にもビジネスにも通じていた。その吉井が、森の「先生」役となって、「今ウェブの世界で何が起きているのか」を事細かに教えてくれたのだ。

長年、インターネットに関わる法律問題を専門としてきた森は、弁護士としてはかなり技術に詳しいほうだった。だが、本分はあくまで文系で、吉井の教えてくれた「実態」には驚愕するばかりだった。無料で便利な様々なサービスが、それを使った人々の位置情報から購買履歴、さらにはウェブ閲覧履歴という頭の中まで丸裸にしていくのである。

中でも、森が関心を持ったのが、クッキーと行動ターゲティング広告をめぐる問題である。2章で述べたように、ユーザーのウェブ上の行動履歴はクッキーに紐づけられて大量に収集され、利用されていたが、まだユーザー自身はこうした実態にほとんど気づかず、メディアで話題になることも少なかった。それは個情法が、端末やブラウザを識別する情報を、単体では「個人情報ではない」としていたからだ。個人情報であれば必要な第三者提供の際の同意取得が不要なので、事業者がユーザーに無断で自由に扱っても批判を受けることはなかった。

だが、森の疑問は膨らんでいく。「たとえクッキーであってもこれだけ詳細な情報になると、個人を特定してしまう恐れもあるのでは」「個情法に違反しなくても、プライバシー侵害の恐れはあるはずだ」――。

吉井は、様々なウェブ上のテクニックも教えてくれた。例えば、スーパー・クッキー。通常、クッキーは利用者が一定の操作をすれば拒否したり削除したりすることが可能だが、アドビ社の提供するAdobe Flashを悪用すれば、ユーザーが消去したクッキーをサーバ側で簡単に復元できた。消されても、消されても、すぐ復活してしまうので「ゾンビ・クッキー」との悪名もある。こうした実態を聞かされるたびに、森は焦りを感じるのだった。

日本企業は「ビビリ」

実はその頃、吉井自身も迷いを抱え、法律家である森に話を聞いてほしいと考えていた。

技術やサービスは急激に変化しているが、その一方で法制度はなかなか追いつかない。「グレーゾーン」は拡大する一方だった。技術者とすれば、技術的に可能なことはどんどん使って斬新で便利なビジネスを開拓したい。だが、やっていいのか悪いのか、はっきりしないのだ。新しいサービスが登場するたびに、データの集め方や使い方が問題視され、ネットなどで批判を受ける「炎上」事案も増えていた。「レピュテーション・リスク」（企業の評判やブランド価値が低下するリスク）を気にする日本の大手企業はどうしても新しいサービスの導入をためらいがちだった。

「日本企業は慎重すぎちゃいますか」。吉井がこんな風にぼやいていたのを森は覚えている。「グレーゾーンにはチャンスが眠っている。だから海外企業は普通歩く。でも日本企業は避けて通らないようにする。今のままなら、グーグルさんに全部もっていかれますわ」。

例えば、位置情報。住所や郵便番号のような情報から、街中や店舗に設置されたカメラによる追跡など位置情報まで、多種多様で精度もまちまちだが、日本では位置情報に特化した法規制は存在しない。個情法の個人情報や、電気通信事業法の通信の秘密に該当する場合のみ保護される、という形である。しかし、特にモバイル端末の位置情報の場合、プライバシー性の高い情報になりやすい。数日分を解析するだけで、自宅や勤務先を推定できるばかりか、いつどこへ出かけ、誰と会っているのか、病院への通院歴や宗教や支持政党までわかってしまうこともあるだろう。このため、総務省は通信事業者向けのガイドライン「位置情報プライバシーレポート」で、モバイル端末の位置情報の取り扱いについて、個情法より厳しい、事前の個別具体的な同意取得などの規制をかけている。あくまでガイドラインだが、日本の携帯キャリア各社がこれを破ることはなかった。

そして、これは通信事業者のみに向けられたものだ。つまり、グーグル等のPFは、通信事業者よりも自由に位置情報を利用できるのである。グーグルがこの有利な立場を使っていかに大量の位置情報を集めているかは、2章で述べた通りだ。

「日本人の位置情報を一番よく知っているのが、グーグルだ」が吉井の口癖だった。

携帯キャリア各社が電気通信事業法やレピュテーション・リスクを気にして利用に足踏みを続けていたのと対照的に、グーグルは「根こそぎ」と言っていいほどの規模と精度で日本人の位置情報を集め、活用し始めていた。吉井はもどかしくて仕方なかった。

「インターネット技術で、ライフスタイルを変革する」。大学院を卒業して日本テレコム（現・ソフトバンク）に入社した1996年、目標を尋ねられて即座に吉井の口をついて出たのがこの言葉だった。自分の技術を生かして、革新的なビジネスを生み、社会に変革を起こしたい。そのチャンスが目の前にある時代なのに、二の足を踏まねばならないのが悔しかった。しかも、海外事業者が次々とサービス展開するのを目の当たりにしながら、である。

「吉井学校」の生徒たち

ただ、その吉井でさえ、ウェブでのデータの使い方にはクビをひねりたくなることがあった。「いくら革新的な技術でも、自分や家族がやられて嫌だと思うことは、やってはいけないのではないか」。技術者の顔から生活者の顔になって、吉井は自らの仕事を顧みずにはいられなかった。クッキーなどの技術を使って集めたウェブ上の行動履歴を分析することは、分析した情報の使い方次第では、「自分や家族がやられて嫌だと思うこと」になるかもしれない。最先端の技術を活用して海外PFと闘っていかなければならない立場に立ちながら、「やっていい」境界線はいったいどこに引かれるべきなのか、迷っていた。

海外事業者と日本の事業者との扱いの差、そしてプライバシー面での不安。森と吉井の抱える迷いは一致していた。意気投合した2人はこれ以降、小さな勉強会を開いたり、新しいサービスが登場すると問題点を議論したりするようになった。

次第に、森は「これは『収集型のプライバシー侵害』の恐れがあるのではないか」との確信を強めていく。

伝統的なプライバシー侵害とは、週刊誌で不名誉な写真を暴露されるような「公表型」だと考えられてきた。しかし近年、「収集型」のプライバシー侵害が争われる事例が増えていることに森は注目していた。例えば、車両追跡に使われる警察の「Nシステム」をめぐる裁判だ。不特定多数を対象にした網羅的な情報取得の適法性について判決は①個人の思想、信条などのような重要な情報か、②取得・利用の目的が正当か、③取得・利用の方法が相当なものであるか、などを総合して判断すべきとしていた。これを広告目的のウェブ閲覧履歴に当てはめれば、①個人の趣味嗜好や思想信条に関する情報、②目的は事業者の経済的利益、③本人に気づかれないうちに網羅的・大量に収集、利用……となる。プライバシー侵害が認められる可能性は高いだろう。

「ウェブの閲覧履歴の収集の仕組みは複雑でわかりにくい。だが、うまく説明できれば、しっかり問題提起できるはず」と考えたのだ。森がこの問題提起に成功するのは8年ほど先になるが、それは7章で述べたい。

データプライバシー問題の先駆者たち

吉井のライフログ研には、森に限らず、新進気鋭の研究者が顔をそろえていた。宍戸常寿

（東大教授）、曽我部真裕（京大教授）、山本龍彦（慶應義塾大教授）、石井夏生利（中央大教授）――。約10年後の現在、データプライバシーの世界で第一人者として活躍する研究者らがいずれもまだ准教授だった頃、「吉井学校」で最先端の技術と実態を学んだのである。

今、日本の憲法学を牽引する立場の宍戸は当時、吉井らの話を聞いて「現実はこんな凄いことになっているのか」と目からうろこが落ちる感覚に襲われたことを覚えている。最先端の技術とサービスを知る人々との交流で感じたのは、「テクノロジーを知らずに、法律を議論してはいけない時代がくるのでは」ということだった。森もこう振り返る。「それまでは法律家がそこまで技術を知る必要はないだろうと思っていた。だが、技術的状況が個人の権利に影響を与えるということを、ここで目の当たりにした」。

それまで、どちらかと言えば放送法など伝統的なマスメディア論を中心に研究していた宍戸は、この頃から、電気通信事業法の研究に傾注していく。それがインターネット時代の人権に大きく関わっていく予感がしたからだ。

その後、この時のメンバーの多くは総務省の有識者会議「プラットフォームサービスに関する研究会」（10章）に構成員などとして参加し、データのプライバシーや利活用、イコール・フッティングの問題など、プラットフォームへの対策を検討することになる。

5章　武器のない闘い――米国にあって日本にないもの

　２０００年代半ばに日米規制改革及び競争政策イニシアティブの交渉に当たったたという総務省幹部の話を聞いたことがある。いわゆる「年次改革要望書」の対応担当である。「年次改革要望書」とは、日本政府と米国政府が毎年秋、互いに相手国で改善が必要と考える制度上の問題点について「要望」を交換していた文書であるが、実態は、日本が一方的に米国の要求に応じるためだけのものだった。米国側の担当はＵＳＴＲ（Office of the United States Trade Representative、通商代表部）。米国で貿易交渉を担当する大統領直属の部署で、米包括通商法の「スーパー３０１条」発動をちらつかせつつ、一方的な要求を突きつけてくる。要望書に記載されてしまえば、その後は定期的な会合で進捗状況までチェックされることになる。「米国の国益を日本に押しつける内政干渉」として国会でもしばしば批判され、民主党に政権交代した09年に廃止された。郵政民営化や著作権法改正の要望がよく知られているが、電気通信分野でもNTTの他事業者との接続料などが「割高」だと指摘され、算定方法の変更を迫られた。

「米国の要求をいかにかわすかも苦労したが、むしろ米国に対する要求事項を考えるのが苦痛だった。日本からの要求は形ばかりで、考えるだけ無駄だったから」

幹部は悔しさとともに振り返るが、やや皮肉をこめて、こうも言う。「米国のロジックに触れたことは勉強になった」。

交渉の際の彼らの決まり文句は「内外無差別のルール」と「透明性の確保」だった。「ルールを明確に定めて、そのルールが米国企業にも日本の企業にも、内外無差別に適用されることが重要です。イコール・フッティングが大切なのです」と。そして、最後は「それが日本の国民のためになるのです」と結ぶのだ。

そのフレーズは今もこの幹部の脳裏に焼きついている。たしかに、イコール・フッティングは大切だ。企業活動のためだけではなく、消費者にとっても。ルールに内外で差があれば、消費者にとっては、一方のサービスで保障される消費者保護が、もう一方のサービスでは保障されないことになってしまう。ただ、消費者を守るために米国企業を日本のルールに従わせようとするには、日本政府にはあまりに「武器」が少なかった。

グーグルストリートビューをめぐって

総務省の分野において、消費者保護を担うための最大の武器の一つが「通信の秘密」に関する規定である。電気通信事業法は事業者規制法ではあるが、法の目的（1条）には「利用者利益の保護」が掲げられている。この目的は、通信の秘密の規定や、その他の個別の消費者保護ルールによって、表現の自由や情報収集の自由、プライバシーを保護することで実現される。

現在は消費者行政第一課と第二課に分かれている消費者行政課（以下、消行課）は、この消費者保護ルールと通信の秘密の保護を担当する部署だった。2010年代に入って通信を利用したサービスが多様化し、海外事業者の提供するサービスも増える中、消費者保護の立場から課題に取り組もうとする彼らは、様々な壁にぶつかってきた。

その一つがグーグルストリートビューをめぐる対応だった。公道から撮影した写真に肖像権などのプライバシー侵害や個情法上の問題が起きたことについては前章で少し触れたが、ここで取り上げたいのはそちらではなく、グーグルカーの通信傍受問題である。

ストリートビュー用の専用車が搭載カメラで周囲の風景を撮影していることはよく知られているが、実はあの車には無線受信装置もついていて、走行中に周囲の無線LANのアクセスポイントの位置情報を集めていた。その際、一緒にそのアクセスポイントを使って通信中の端末の通信まで取得していたことが10年5月、ドイツで発覚したのだ。グーグルは「誤って収集していたが、利用はしていない」などと釈明した。

各国の対応は早かった。フランスのデータ保護当局CNILは翌6月、グーグルに収集情報の開示を要求し、メールの本文やパスワードなどが含まれていたことを明らかにした。カナダのOPCも同10月、調査結果を発表し、収集された情報にはメール本文やアドレス、ユーザー名、パスワード、氏名と住所、電話番号までもが含まれていたことを明らかにした。同じ月にはスペインでもグーグルの担当者を裁判所に召喚し、収集データの内容や影響人数について聴き取っている。イタリアや韓国は刑事告発にまで踏み切った。

グーグルは当然、同じ行為を日本でも行っているはずで、電気通信事業法で禁じる通信の秘密の侵害に当たる恐れがある。これはグーグルが日本の電気通信事業者であるかどうかにかかわらず、違反に問うことが可能な規定だ。

だが、問題発覚から1年以上が過ぎても、消行課は動く気配を見せなかった。

水面下ではかなり議論もあったという。当時の省内の雰囲気を知るある職員は、「ちょっと、ビビっている感じだった」と振り返る。警戒していたのは米国の圧力である。「少しでも米国の国益を損なうような措置を検討していると、すぐUSTRが反応してきた」という。IT企業を支持基盤とするオバマ政権時代になり、USTRはプラットフォーム案件には特に過敏になっていた。少しでも彼らに不利になると見れば、在米日本大使館などにクレームを入れてきたのだという。

「やらないほうが、リスクがあります。諸外国が厳しい姿勢でのぞんでいるのに、日本だけやらないと説明がつきません」。動かぬ上層部に、こう迫った課員もいたと聞く。

役所の「指導」に海外事業者は従うのか?

現場の思いが動かしたのか。総務省は11年11月11日、本体のグーグルLLCではなく、日本法人のグーグル株式会社（現・グーグル合同会社）に対してではあるが、初の指導に踏み切った。この日に備え、膨大な量の想定問答集を作り、どんな反論をされても対応できるよう徹底的に詰めたという。どこからも「邪魔」が入らないようにということなのか、通常なら発表前日に行われることが多い記者クラブへの「投げ込み」も、発表の数時間前まで引っ張った。

それでも、対応が指導にとどまったことには批判もある。指導は行政手続法の処分には該当せず、相手方はこれに従う法的義務を負うわけではないからだ。だが、電気通信事業法の通信の秘密の侵害は過失では違反に当たらない。消行課は「間違って収集していた」というグーグルの主張を覆せなかったと説明した。「グーグルだから指導にとどめたわけではない。

総務省ではそれまで日本の事業者に対しても、よほどのことがない限り指導で対応してきた」と説明する職員もいる。たしかに、そうかもしれない。だが、それはこれまでほとんどの日本の事業者は指導でも従ってきたからだ。その手法は海外事業者にも通用したのか。

グーグルは日本で07年末から2年半も全国で通信を傍受していた。諸外国の政府に対しては、収集したデータを開示し、取得方法や影響人員なども説明したというグーグルが、日本での傍受の詳細を総務省に報告した形跡は見当たらない。少なくとも、私たち国民には、収集したデータ量も中身の詳細も明らかにされていない。

プライバシーポリシー統合問題

消行課はこの時期、グーグルともう一戦交えている。プライバシーポリシー統合問題である。12年1月、グーグルはそれまで別々だった60以上のサービスのプライバシーポリシーを3月1日に統合すると発表した。検索やGメール、グーグルマップ、ユーチューブ、SNSなど多様なグーグルのサービスを使って集めたユーザー情報を、グーグルが横串にさしてまとめて使うことにする、というものだ。しかも、このポリシーは過去にさかのぼって適用され、それ以前にユーザーが各サービスを使った際の情報も統合されることになる。

個情法では、個人情報を取得する際はあらかじめ利用目的を特定し、その目的外の利用を禁じている。その目的以外に使う際には本人の同意をとらなくてはならない。例えば、サービスXでは、取得した個人情報を目的イとロとハに使うと公表し、サービスYでは、イとニとホという目的を通知していたとしよう。サービスXとYのプライバシーポリシーを統合し、Xで得た個人情報を目的ニやホで使うと、目的外利用に当たる。同意をとらなければ同法違反だ。もちろんプライバシー侵害に当たる恐れもある。

しかし、当時、日本にはまだ個情委は存在せず、各事業を所管する大臣等が、その事業に関する法令とともに個情法の監督・執行を行う主務大臣制の時代だった。しかも、グーグルが統合するサービスは広範囲に及ぶ。メールなら所管は総務省だが、検索や動画配信となるとはっきりしない。そもそもグーグルは1章で述べたように国内の電気通信事業者ではないと言い張っている。個情法もこの当時はまだ域外適用の規定はなかった。迷った末に、消行課は消費者庁と経産省に共闘を呼びかけた。

結局、消費者庁は途中で脱落し、総務省と経産省の連名で、「グーグル株式会社に対する通知」と題した「お知らせ」をウェブサイトに掲載した。プライバシーポリシー統合の前日の2月29日だった。

指導よりもさらに緩い「通知」。消行課にも忸怩《じくじ》たる思いはあったかもしれない。だが、ギリギリまで詰めた結果だった。「少なくとも、グーグルに『対応は今後も見ているぞ』という姿勢を示すためにも、何かやらなくてはいけないと思った」と当時の課員は振り返る。

スマホのアプリでも

新しい分野のビジネスをカバーする法令が存在せず、しかも主要なプレイヤーは海外事業者で、これまで行政が多用してきた行政指導にも従うとは限らない。このような状況にどう対処すべきか考える上でのモデルケースとなったのが、当時、急速に普及し始めていたスマートフォンのアプリをめぐる問題だった。

アプリをインストールすると、利用者が気づかないうちにスマホ内のデータを外部に送信されてしまう。そんな問題が注目され始めたのは、11年8月下旬に「カレログ」がリリースされた頃からだ。スマホにインストールするとIDが発行され、そのIDを使えば外部の端末からも、そのスマホの位置情報などがわかるアプリだ。ネーミングは、彼氏のスマホにこのアプリをこっそり入れて浮気を監視、という意図でつけられたものだろう。

カレログはリリース直後から批判の的となり、10月中旬にはサービス内容変更に追い込まれた。ただ、カレログはネーミングから「悪さ」が想像しやすく注目されたが、実際には多くのアプリが、サービスには不要な利用者情報を大量に取得し、それを外部に送っていた。だが、この頃はまだ、どんなデータが誰に何のために送信されているのか、多くの人は正確には摑めていなかった。時々、高木浩光（3章）など、この問題に注目しているエンジニアが自分で調べてはネットで批判し、炎上する、といった状態が続いていた。

消行課はこの問題に早くから注目していた。ただ、手をつけるのはなかなか難しい。登場する主要なプレイヤーが、電気通信事業法の電気通信事業者ではないからだ。アプリを公開しているプラットフォームであるアプリストアには、電気通信事業者である通信キャリアも参入してはいるものの、大きなシェアを持つのはグーグルとアップルだ。アプリ開発事業者も、メール機能のあるアプリを除けば電気通信事業法の対象外だった。だが、消費者は通信を介してサービス提供を受けている。消行課の職員らは「自分たちの仕事と無縁ではないはず」と焦っていた。

問題に気づいた研究者の焦り

通信関係の企業に勤務していた30代後半の男性が、スマホのアプリから様々な情報が外部に送信されることに気づいたのは2010年夏頃だった。カレログが炎上する約1年前である。仮に田中二郎としておこう。

田中はセキュリティが専門の研究者だった。アプリの安全性を審査しているうちに気づいたという。電話帳に登録された氏名や電話番号、住所、位置情報、通話履歴、通話中の相手の電話番号、グーグルアカウントに写真まで……。10分間ごとに位置情報を外部に送信しているアプリまである。送信先は日本国内ばかりでなく、米国や中国も少なくなかった。

田中は、個人でアプリ開発をしている人物を探し出して接触してみた。「なぜ外部に情報を送っているのか」。驚いたのは、その開発者自身も自分の作ったアプリがどこに情報を送っているのか十分意識していないことだった。「『情報収集モジュール』を組み込めば報酬をくれるというので、用意されたプログラムをアプリに入れていただけ」と言うのである。

「情報収集モジュール」とは、外部事業者が用意したプログラムだ、と言う。教えてもらった「広告ライブラリ」と呼ばれる広告事業者の用意したサイトを見て、田中は愕然とした。モジュールごとに、提供する情報の種類とそれに対応する報酬金額がずらりと並んでいた。

送信先の外部事業者とは、広告事業者やデータブローカー（消費者のデータを使った商売をする業者）だった。つまり、2章で触れたウェブサイトでのプライバシー情報の収集と同様の問題が、スマホのアプリでも行われていたということになる。

11年8月には、アンドロイドマーケット上の４００の無料アプリについて外部送信状況を調べてみた。すると45・３％に当たる１８１アプリで何らかの情報の外部送信が確認された。しかも、利用者にわかりやすく正確な説明が表示されたり、送信についての許諾を求めたりするものは17アプリのみ。多くは、そもそも説明がなかったり、一部の情報しか説明していなかったり、許諾する前に情報が送信されていたり、といった具合だ。

長くガラケーが主流だった日本のモバイル市場は、08年7月にアップルのアイフォンが上陸し、09年7月にアンドロイドOS搭載のスマホが発売されると、大きく変わっていった。11年上半期のモバイル端末の新規販売台数は、スマホが約半数を占めている。スマホは、機能的には電話というよりも、むしろ電話機能のついたパソコンである。

「常に電源をオンにして持ち歩くスマホのほうが、パソコンよりさらにセンシティブな情報をためこんでいる。利用者に正しく周知しないと大変なことになる」。焦りを感じた田中は、所属していた「日本スマートフォンセキュリティフォーラム（JSSEC）」（現・一般社団法人日本スマートフォンセキュリティ協会）で情報を共有し、対策を講じようと呼びかけてみた。JSSECは11年5月、通信キャリアや端末メーカー、ITベンダーやアプリ開発者などにより設立された団体である。活動目的は、スマホ普及のため、利用者に安心して使ってもらえる環境を作ることだ。田中の問題提起に共感してくれるメンバーは多かった。だが、関係する企業も多く、「かえって利用者の不安を煽る」といった後ろ向きの意見もあった。

特に大きかったのが、「現行法令では明確に違法とは言えないのではないか」という声だった。送信されている情報の中には、電話帳の氏名のような個情法上の個人情報に当たるものもあったが、端末を識別するIMEI（International Mobile Equipment Identity）や、モバイル端末の回線契約の管理番号などに紐づけられたものも多い。つまり、端末や回線契約を識別するだけで、個人を特定する情報ではないから、本人の同意なく第三者に提供しても個情法には違反しないという、2章で紹介したクッキーと同じ構図である。「現行法で規制できないなら、なおさら新たなルールが必要じゃないか」。田中はもどかしかった。

グーグルの反発も強かったとされる。田中の調査に「恣意的な調査で不安を煽っている」などと批判の矛先を向け、勤務先にまで抗議を入れてきたという。

そこに現れたのが、消行課の課員らだった。解決の糸口を探してエンジニアのコミュニティなどに顔を出すうち、田中にたどり着いたのである。課員らはＪＳＳＥＣの勉強会にも顔を出し、「消費者が安心して使えるようにならなければ、スマホは普及しない。一緒に対策を考えよう」と呼びかけ、協力の輪を広げていった。

こうして発足したのが、12年1月、総務省の「諸問題研」（4章）の下に設けられた「スマートフォンを経由した利用者情報の取扱いに関するＷＧ」だった。構成員は学識経験者や消費者団体の代表などだったが、オブザーバーとして通信キャリア、広告事業者やコンテンツ事業者などの業界団体、そしてＪＳＳＥＣにも参加を求めた。「電気通信事業者だけに義務を課しても解決にはならない。関係者全体を包含するようなルール形成が必要だ」と消行課は考えたのだ。

議論の末に8月にまとめたのが「スマートフォンプライバシーイニシアティブ（SPI）」である。SPIは、アプリ事業者、アプリ市場運営事業者であるPF、広告事業者、通信キャリアなど、スマホアプリに関わる各レイヤーの事業者に対し、それぞれ利用者情報を適切に取り扱うために守るべき指針を示し、遵守を呼びかける枠組みだった。「透明性の確保」「利用者関与の機会の確保」「適正な手段による取得の確保」「プライバシー・バイ・デザイン」などの6つの基本原則を定め、さらにアプリをダウンロードする際に利用者が確認できるようにアプリのプライバシーポリシーとして明示しておくべき8事項も定めた。具体的には、誰が、どのような情報を取得し、その情報をどのような目的で利用するのか、そして取得した情報は第三者に提供するのか、などである。

SPIは、その後もSPIⅡ（13年9月公表）、SPIⅢ（17年7月公表）とバージョンアップされ、17年9月に改正された「電気通信事業における個人情報保護に関するガイドライン」では、アプリ提供サイトを運営する場合にはSPIに従うことが努力義務として盛り込まれた。SPIで推奨したプライバシーポリシーの掲載状況や、その記載と実態の比較などを調査し、公表する取り組みも毎年続けられている。

取り組みは関係者の間で高く評価されている。ただ、意地悪な見方もないわけではない。「いいものは作ったけれど、関係事業者が動いてくれなかった」（関係者）のである。ある時期まで、SPIの推奨するプライバシーポリシーは全く広がらなかった。

一つには、この取り組みが法に基づくものではなく、「指針」という形をとったことが影響している。従わなくても制裁があるわけではないからだ。

それまでのガラケーの時代は、モバイル端末の世界は通信キャリアによる「垂直統合モデル」がとられていた。通信キャリアが直接提供しているのはネットワークサービスだが、端末も、各キャリアがメーカーから一括調達して、自社ブランドで販売していた。iモードなどのアプリマーケットも、基本的にキャリアが運営し、全レイヤーにキャリアが影響力を行使できたのだ。このため、何か問題が生じても、総務省はキャリアの手綱をとることで、コントロールできた。

ところが、この頃になると、通信キャリアによる垂直統合モデルは崩れ、その影響力は他のレイヤーに及ばなくなっていた。そして主導権はアップルとグーグルに移っていた。

スマホをめぐるサービス構造は、①コンテンツサービスレイヤーのアプリ提供事業者、②プラットフォームレイヤーのアプリマーケット運営事業者及びOS提供事業者、③ネットワークレイヤーの移動通信事業者、④端末レイヤーの端末提供事業者などがあり、さらに、アプリ事業者に「情報収集モジュール」を組み込ませ、利用者情報を取得している広告配信事業者やデータブローカー、広告主など、多数の関係者が存在する。このうちアップルやグーグルは、アプリマーケットの参入審査や課金、認証、OSを通じての端末開発、通信ネットワークの利用などで、各レイヤーに大きな影響力を持つ存在になっていた。そして彼らは、国内通信キャリアとは違い、法的根拠のない「要請」は、簡単には受け入れてくれなかったのである。

強力な制裁のある米国

結局、アップルやグーグルが対策に本腰を入れたのは、米国政府が是正に動き始めた後だった。

連邦取引委員会（FTC＝Federal Trade Commission）は13年2月、スマホの利用者情報の取り扱いについて、スタッフレポート「Mobile Privacy Disclosures」を公表している。アプリケーション提供者やアプリマーケットを運営するOS事業者、広告事業者など各関係者の果たすべき役割を示した提言だ。例えば、アプリ提供者に対しては、プライバシーポリシーを作成しアプリケーション提供サイトにおいて示すこと、そして、アプリ提供者、OS事業者の双方に対して、位置情報や電話帳、写真、カレンダー、録画などプライバシー性の高い情報を取得する場合は、事前に利用者に通知し、明白な同意をとることを提唱している。

目指す方向性は総務省のSPIと似ている。マルチステークホルダーに働きかけ、自主規制を促すという点も共通している。ただ、大きく異なるのが、FTCレポートの後ろには強力な制裁が控えている点である。

米国では医療など特定分野を除くと、プライバシー保護については基本的に事業者の自主規制に任されるが、もし彼らが自らのプライバシーポリシーに違反するとFTC法5条に基づく法執行が行われる。5条には「商取引におけるまたは商取引に影響を及ぼす不公正もしくは欺瞞的な行為または慣行は、本法により違法と宣言する」とあり、消費者をだます行為は「欺瞞的な行為」に当たる。そして、違反行為は排除措置命令、民事罰、提訴の対象となる。民事罰の最高額は違反ごとに4万3792ドル（約476万円）である。

米国でのプライバシーポリシー掲載率が上がり始めてからも、日本のそれは低いまま推移した。それでも、アップルやグーグルが対策を強化するに従い、それに引きずられる形で、日本の掲載率も徐々に上がっていったのだ。良くも悪くも、日本の利用者保護のカギを海外PFが握っているということ、そして彼らを動かすことが簡単ではないことを、消行課はまざまざと味わったのである。

このことは、消行課が消費者行政第二課に名前を変えた後、フェイクニュース、誹謗中傷、その他、インターネットをとりまく様々な課題を解決しようとする中で、直面し続けることになる問題なのであった。

6章　時代遅れの個人情報保護法を改正せよ

面倒臭い法律

２０１２年７月、出向先の復興庁から総務省に戻ってきた藤波恒一は、戸惑っていた。消費者行政畑が長かった藤波は、通信の秘密とプライバシーの問題では右に出る者がいないと言われるほど精通している。ところが、藤波が戻されたのは畑違いの情報流通行政局の情報セキュリティ対策室。しかも、課長補佐なのに部下が一人もいない。少々ふてくされて、上司の阪本泰男に「何をすればいいんですか」と聞きに行くと、「何でもいいからプライバシーのことをやってくれ」と返されたという。

「そんなこと言われても……」。部下もいない中、藤波は約１ヵ月、一人でウンウン悩んだ。古巣の消行課に相談すると「スマホはこっちでやるから手を出さないで」と言わんばかり。仕方なく、消行課時代の知人を頼って大学や通信キャリア、ＩＴ企業などに話を聞いて回った。

すると、どこに行っても、口をついて出てくるのは個人情報保護法への不満だった。「時代遅れ」「データを活用したくても、炎上が怖くて手が出せない」「利用者は知らないうちにデータをとられ守られていない」……。たしかにこの頃、個情法は制度疲労を起こしていた。成立したのは03年。その後、10年を過ぎても見直されることなく、「放置」されていた。

個人情報保護法制の歴史は、情報化社会の到来とともに始まっている。コンピューターによる情報処理が普及し、それまで紙で保有されていた個人情報がデータベース化される中、データ利活用による効率化の要請と、監視社会化によるプライバシー侵害への警戒という対立構造が、この制度を生み出したと言っていいだろう。

欧米では1970年代から整備が進み、日本でも73年、国に先駆けて徳島市が条例制定に踏み切った。その後も地方公共団体が次々と条例を整備したが、国レベルでの取り組みは遅かった。行政機関については88年に「行政機関の保有する電子計算機処理に係る個人情報の保護に関する法律（旧行政機関個情法）」が制定されたが、民間部門の個情法はかなりの難産だった。

01年に法案が提出されたものの、廃案に。紆余曲折の末に03年に成立したが、制定時の衆参両院の付帯決議、「全面施行後3年を目途」とした見直しは実現しなかった。一つには、個人情報を過剰に保護しようとする、いわゆる「過剰反応」への批判が強かったことがある。05年11月から内閣府の国民生活審議会個人情報保護部会が見直し議論に入ったものの、表現の自由や経済活動に悪影響があるとする立場と、個人情報保護の必要性を重視する立場で主張が鋭く対立し、結局、法改正は見送られた。霞が関の間で、「個情法に触ると面倒臭いことになる」という意識が植えつけられたとしても不思議ではない。

その後、09年9月に消費者庁が設置され、法の所管が内閣府から同庁に移ったことも身動きをとれなくした。消費者庁の個人情報保護推進室は当時わずか3～4人。しかもこのうち2人は外部から出向中の弁護士だった。当時、個情法は主務大臣制が採用され、各省庁がそれぞれの所管する業界を監督していた。各省の利害や思惑を調整して法改正の音頭をとるのは、消費者庁にはあまりに荷が重いことだった。

大きく動き始めた欧米

しかし、情報通信技術は急速に進化する。ビッグデータ、AIの登場で、データの有効性も、その危険性も、かつてとは比較にならないほど大きくなった。一方で個情法は10年前のままで、「グレーゾーン」はどんどん拡大していった。

わかりやすい事例が、これまでも再三触れてきたスマホの位置情報や閲覧情報の問題だ。

1人が1台以上のスマホを24時間肌身離さず持ち歩く時代。そこには使いようによっては有益にも危険にもなる個人の膨大なデータが詰まっている。だが、これまで述べてきたように、それらが日本の個情法で保護対象になるかどうかははっきりしなかった。つまり、利用者に無断でやりとりしても、ただちに法的な問題となるわけではないが、状況によってはなる……ということだ。

こうして、まじめな事業者ほど利用をためらう一方で、リスクを恐れず好き放題やる事業者もいた。それとともに、不適切なデータの使い方が発覚し、「炎上」するケースも目立ち始め、利用者にはデータ利活用への不安や不信感が生まれていた。[6]

欧米は既にこの頃、大きく動き始めていた。

EUは12年1月、それまでのEUデータ保護指令に代わる「一般データ保護規則（GDPR）」案を公表し、EU域外の事業者に対しても科すことのできる制裁金額の大きさで世界に衝撃を広げていた。

2月には米ホワイトハウスが政策大綱の中で「消費者プライバシー権利章典」を提示した。消費者に自分のデータをコントロールする権利を認め、透明性の確保を謳ったこの権利章典は、その後棚晒し状態となったが、どちらかと言えばデータ利活用に熱心なイメージのある米国のこの動きに、世界は驚愕した。保護の対象も、「特定の個人に『連結可能（linkable）』

な情報」と定義されていた。つまり、スマホやパソコンの識別子に連結するデータも含めているということである。

さらに3月には連邦取引委員会（FTC）が有名な「FTCプライバシーレポート（Protecting Consumer Privacy in an Era of Rapid Change＝急速に変化する時代における消費者プライバシーの保護）」を公表している。ここで提案された一つ、「追跡拒否（Do Not Track）」と呼ばれる仕組みも注目された。利用者が第三者からの閲覧行動などのトラッキングを拒否できる仕組みで、これをブラウザに組み込もうという提案だった。

個情法リニューアルに向けて

「日本の個情法もインターネット時代に合わせてリニューアルさせたい」。藤波が周囲にこう相談すると、「話が大きすぎる」「総務省だけでやれる話ではないのでは」などと否定的な反応が返ってきた。「各省が手をつけないのは、難しくて割に合わない仕事だから。わざわざ突っ込んでいっても、貧乏くじを引くだけ」とまで言う同僚もいた。だが、阪本の反応は違った。企画書を持って行くと、大乗り気で、「こういうことがやりたかったんだ」とまで言ってくれた。阪本は03年頃、出向先の内閣官房でe-Japan戦略に携わり、その時の経験から、「データ利活用は、しっかりしたプライバシー法制がなければ進まない」という思いを抱き続けていたのだという。

部下もつけてもらって「ひとりぼっちのプライバシー班長」を脱した藤波が、「パーソナルデータの利用・流通に関する研究会」の発足にこぎつけたのは12年11月だ。

タイトルに「パーソナルデータ」という言葉を使ったのは藤波の発案だという。当時は、基本4情報と言われる「氏名」「住所」「生年月日」「性別」があるものが個人情報に該当するイメージが強かった。だが、実際には、「氏名」が漏洩《ろうえい》したとしても実害はないケースは少なくないし、逆に「氏名」がなくても、本人に深刻な権利侵害が発生することはあるはずだ。個人に関する情報（パーソナルデータ）全体について、権利侵害の深刻さに応じた規制が必要なのではないか――。パーソナルデータという言葉を使ったのは、そんな思いがあったからだ。個情法は、「個人情報」の定義の枠内に入った情報を一律の規定で守ろうとするため、「大事について過小、些事について過剰」になるとの批判もあった。「うまくいけば、個情法をEUのような『プライバシーの法律』に生まれ変わらせることができるのでは」と藤波は考えていた。

堀部政男・一橋大名誉教授を座長とする同研究会は9回の会合を重ね、13年6月、報告書をまとめた。

報告書で注目された一つは「プライバシー・コミッショナー制度」創設の提言だ。独立性の高い専門機関が分野横断的に制度全体を見るという提案である。実際、主務大臣制度では所管業界のスキマに入った新ビジネスに対応できないというケースも生じていた。

前章でも少し触れたグーグルストリートビューをめぐる問題がいい例だろう。プライバシー侵害や肖像権侵害ではないかという疑問や批判が沸き起こる中、東京都の情報公開・個人情報保護審議会が09年2月3日、グーグルから意見聴取を行っているが、この際、グーグルのポリシーカウンシル、藤田一夫は、なぜ事前調整をしないのだと質問され、こう答えていた。

「海外には、プライバシー・コミッショナーと言いまして、プライバシー専門の中央政府機関が、全てではないのですが、多くあります。日本ではプライバシーを扱っている機関が、地方自治体では課レベルではあるかと思いますが国のいわゆる霞が関の政府で、プライバシーを専門に扱っているという政府機関というのは、私の勉強不足かもしれませんが、存在していない、窓口がないという判断をしました。そういったこともありまして事前に協議等ミーティング等を持つ機会がなかったということです」

当時、プライバシー問題に携わる関係者が歯がみして悔しがったこの発言以来、「日本にもプライバシー・コミッショナーを」という思いは怨念のようにうずまいていたのである。

ちょうど、13年5月に成立した「行政手続における特定の個人を識別するための番号の利用等に関する法律（マイナンバー法）」で、内閣府の外局として専門組織の設置が決まっていたことも好材料だった。これを改組することで、民間部門を監督する独立の委員会を作ろうという提言は受け入れやすいものだったと言える。

保護派にも利活用派にも気を遣う「綱渡り」

ただ、もう一つの注目課題「保護すべきパーソナルデータの範囲」のほうは波紋を生んだ。13年6月の報告書では「実質的個人識別性」という考え方を導入して、保護すべき範囲の検討を試みている。「他のパーソナルデータと合わせて分析されること等により特定の個人が識別される可能性がある」場合は実質的個人識別性があり、保護されるべきだ、という整理である。

これに当たるのが、端末IDなどの個人のパソコンやスマートフォン等の識別情報、そして、継続的に収集される購買・貸出履歴、視聴履歴、位置情報等だ。一方、IPアドレスやクッキーは、端末の使用場所によって変わったり、利用者が自分で消去できたりすることを考慮に入れて、一定の要件が満たされた場合のみ保護対象に当たると整理したが、これもEUなどの動向を見て「更に検討していく必要がある」としている。

インターネット広告業界の反発は強かった。彼らの運用する行動ターゲティング広告は、まさに端末IDやクッキーが個人情報に当たらないという「グレーゾーン」をうまく使って発展してきたものである。これが保護対象となればビジネスへの打撃は大きい。

楽天やサイバーエージェントなどインターネット関連企業で作る「新経済連盟」は、意見書で「実質的個人識別性は外延が不明確」で、具体的な保護の必要性が明らかになっておらず、「何が問題になるのか判然としない」などと報告書を批判した。

研究会の委員の一人は、「規制色が強すぎて賛成できない。メンバーからおろさせてもらう」と主張し、会合を欠席してしまった。「おりる」と言い出したのは日本を代表するIT企業の法務担当で、この業界の有名人である。事務局は慌てた。この時は、なんとか説得して事なきを得たが、藤波は嫌な予感がした。「この先、具体的な法改正のフェーズになれば、対立は先鋭化していくのではないか」。グレーゾーンの解消を目指すことはすなわち、どちらに寄っても保護と利活用の両側の陣営からボコボコに攻撃される恐れのある「綱渡りの作業」なのだ、と藤波は改めて痛感したのだった。

Suica問題

13年6月に報告書を公表した藤波らは、この月の「世界最先端IT国家創造宣言」にも「速やかにIT総合戦略本部の下に新たな検討組織を設置し（略）新たな法的措置も視野に入れた制度見直し方針（ロードマップを含む）を年内に策定」と盛り込むことに成功する。とはいえ、これだけではまだ、個情法そのものを改正することになるのか、ガイドラインの見直しで終わることになるのかは見通せなかった。

そこに7月、法改正の方向に舵を切らせる大きな問題が持ち上がった。JR東日本がIC乗車券の乗降履歴を日立製作所に販売していた「Suica問題」である。JR東は、利用者の名前は削った上でIDを振り直し、そのIDごとに乗車履歴と年齢、性別などのデータをつけて販売したという。例えば、「ID○○△▽：23歳、男性：2月1日0時12分にA駅下車、1日7時45分、A駅乗車、8時15分、B駅で乗り換え……」といったイメージだ。

JR東は、「個人は特定できないので個人情報ではない。第三者に提供しても法令上の問題はない」と説明したが、世間は納得しなかった。

そもそも、氏名を削って仮名化しただけでは特定の個人を識別できない状態になるとは限らない。提供情報に含まれるIDとの対応テーブルが残っていれば、氏名を削っていたとしても提供事業者としては誰の情報かわかる。

名前を削った程度の加工では、他のデータと組み合わせるなどして簡単に個人識別性を戻せてしまうことも、今では広く知られている。97年に米国マサチューセッツ州が、市民の氏名を削り、性別と生年月日と郵便番号は残した状態で医療データを公表していたところ、公開されている投票者名簿とマッチングした結果、州知事の病歴がわかってしまった事例が有名だ。

結局、6万2000人もの利用者が自分の履歴を提供されることを拒否し、JR東は販売中止に追い込まれた。

Suica問題は、データ利活用派とデータ保護派の双方を熱くさせた。9月になって、内閣官房IT総合戦略室に舞台を移し、有識者会議「パーソナルデータに関する検討会」がスタートすると、傍聴席は毎回、開催予定が公開されると数時間のうちに「ソールドアウト」した。検討会の各委員には「随行者」枠があるが、満席で傍聴が認められなかった知人らから「自分を随行者として連れて行ってくれ」という依頼が殺到したという。

あと一歩

結果から書くと、このパーソナルデータ検討会での13回の議論を経て、検討会発足から2年後の15年9月、個情法は12年ぶりに改正された。第三者機関である「個人情報保護委員会」の創設、再識別を禁止した上で本人の同意なしでの第三者提供を可能とする「匿名加工情報」の新設、特にプライバシー性の高い「要配慮個人情報」の新設、外国に対する情報移転に関する規律の導入、名簿屋対策としてのトレーサビリティ制度……など、かなりの大がかりな改正となった。だが、ここで触れたいのは、「できなかったこと」である。藤波らが研究会で必要性を訴えた、「実質的な個人識別性」のあるパーソナルデータの保護は、あと一歩というところまでいきながら頓挫したのである。

事務局は当初、「準個人情報」という区分を新設することで対応しようとした。特定の個人は識別しないが、その取り扱いによって本人に権利利益の侵害がもたらされる可能性の高いものを個人情報に準じる形で保護しようという提案である。

これについて技術的な検討を託されたのが、検討会の下に設けられた「技術検討WG」だった。国立情報学研究所教授で、データベース研究で知られる佐藤一郎を主査として、副主査を法律家である森亮二、そして情報セキュリティの第一人者でNTTセキュアプラットフォーム研究所主席研究員の高橋克巳ら、文系理系の混成チームである。

同WGの報告書では、個人識別性について非常にわかりやすい整理がされている。パーソナルデータについて「特定（ある情報が誰の情報であるかが分かること）」と「識別（ある情報が誰か一人の情報であることが分かること）」を区別した上で、①識別特定情報（それが誰か一人の情報であることが分かり、さらに、その一人が誰であるかが分かる情報）、②識別非特定情報（それが誰か一人の情報であることが分かるが、その一人が誰であるかまでは分からない情報）、③非識別非特定情報（それが誰の情報であるかが分からず、さらに、それが誰か一人の情報であるかどうかも分からない情報）に分類している。①は、現行法の個人情報、③は匿名化された情報、そして問題の「グレーゾーン」にあるのが②の識別非特定情報になる。

そして、②に含まれるもののうち、「本人又は本人の所有物と密接性がある」「一意性がある」「共用性がある」「容易に変更できない」などの指標を掲げた上で、こうした性質を持つ識別子を「準個人情報」として扱うべきだと整理したのである。具体的には、免許証番号、パスポート番号、健康保険証の記号・番号、クレジットカード番号、メールアドレス、固定電話番号、携帯電話番号、情報通信端末シリアルナンバー、MACアドレス、情報通信端末ID、ICカードの固有ID、ソフトウェアシリアル番号などだった。

クッキーについては利用者が自分で削除可能であるなどの理由から準個人情報には含めず、位置情報、購買履歴、ウェブ閲覧履歴についても、一律に含めることは難しいとした。当初の予想より抑制的な内容で、プライバシーへの影響を考慮しながらも、経済界で既に進んでいた利用の実態にも目配りし、ギリギリの線を狙った報告書だったと言えるだろう。

だが、14年4月24日の第8回会合に「準個人情報」の考えが示されると、プライバシー保護派、利活用派の両側が批判し始める。

プライバシー派は、保護範囲が狭いとして、「クッキーやウェブ閲覧履歴なども規制対象とすべきだ」と主張したり、「情報処理化されたデータかどうかに着目して規制すべき」として、識別性や特定性に注目した分類そのものに異を唱えたりした。

一方、既にウェブ閲覧履歴や位置情報を使ってビジネスをしている事業者も組織的に反論を展開してきた。5月20日の第9回会合には、新経済連盟、アジアインターネット日本連盟、インターネット広告推進協議会（JIAA、現・一般社団法人日本インタラクティブ広告協会）、モバイル・コンテンツ・フォーラム（MCF）など、PFやネット広告事業者の業界団体が参考人として参列し、反対意見を陳述した。この検討会と並行して個情法の見直しを行っていた規制改革会議も反対の意見書を提出している。「規制対象として新たなカテゴリーが追加されると、その外縁の不確かさによって、かえってグレーゾーンが拡大される懸念がある」「現行法では規制対象となっていない『識別子』等が規制対象に含まれる理由が定かでない」といった、新経済連盟などとほぼ同一の主張だった。

振り上げた拳のゆくえ

そして約20日後、6月9日開催の第11回会合に事務局が出してきた制度改革大綱案から、「準個人情報」は姿を消していた。「保護対象を明確化」すべき対象として残ったのは、「指紋や顔認識データなど身体的特性に関する等」で、それまでの検討の「主役」だったはずの端末IDや位置情報、クレジットカード番号などは削除されていた。

技術検討WGの主査だった佐藤は検討期間中、経団連などの団体や、ヤフー、電通など個別の企業に繰り返し呼び出されたが、その都度、IDの保護はむしろ利活用の上でも有用だということを何度も説明していた。「データ保護派、利活用派双方からの注目度が高まって検討会が『ショー』と化していた。振り上げた拳を下ろせなくなったのではないか」と振り返る。

その頃、たまたま飲み会の席で一緒になったIT企業のプライバシー担当者からこんな話を聞かされた委員もいた。「もし端末IDやクッキーを保護対象にすると、安全管理措置費が今より年間3億円、増えるんですよ」。業界の必死さを感じたという。

政府の内部でも攻防があったとされる。大綱をまとめる少し前、パーソナルデータ検討会の事務局員が内閣府の規制改革会議に呼ばれている。呼び出したのは、経産省から出向中の幹部だった。「保護範囲を拡大すれば企業の利活用を阻害する」と激しく反対され、結局、「準個人情報」の表記を大綱から削ることで妥協したのだという。

ガラパゴスはどっちだ?

それでも、パーソナルデータ検討会事務局はまだあきらめていなかった。当時、総務省からIT総合戦略室に企画官として出向中だった村上聡(52歳)は、「指紋認識データ、顔認識データ等個人の身体的特性に関するもの等」の最後の「等」に望みをかけた。年末に骨子案がまとまるまでに、なんとか関係者を説得し、この「等」に端末ＩＤなどを潜り込ませたいと思っていたのだ。

　村上はこの後、人事異動で本籍のある総務省に戻ってしまうが、後任はちゃんと盛り返した。その年の12月に発表された個情法改正法案骨子案には、「個人情報の定義の拡充」として、①顔認識データなど身体的特性情報、②サービスや商品の提供の際に個人に割り当てられるＩＤ――などを新たに個人情報と位置づけ、「具体例は政令で定める」と記載されていたのだ。

　だが、さらにどんでん返しが待っていた。検討会の手を離れた15年2月18日に自民党に示された改正法原案では、個人情報の定義に「特定の」の文字が挿入され、その結果現行法と同じ範囲に戻されていたのだ。骨子案では②に当たる部分は「利用者若しくは購入者又は発行を受ける者」を識別できるものと説明されていた。これなら、技術検討ＷＧの言う「識別非特定情報」、つまり端末ＩＤなどが含まれることになる。だが改正法原案では、「特定の利用者若しくは購入者又は発行を受ける者」（傍点は引用者）を識別することができるものと変更されたため、「識別特定情報」、つまり、もともとの個人情報の範囲に戻ったのである。

　結局、改正法では、個人情報の概念に新たに「個人識別符号」が、それ単体で個人情報となるものとして盛り込まれたが、これは従来個人情報であったものの一部を「明確化」のために規定したと説明されている。そしてこの「個人識別符号」の中には、情報端末を識別するＩＤは含まれていない。改正法成立４ヵ月前の国会でも、政府は「単に機器に付番されるような、例えば携帯電話の通信端末ＩＤは個人識別符号には該当しない」と答弁している。

土壇場で入った修正は、ＩＴ業界の働きかけを受けた自民党の要請によるものだったとされる。この直前の2月4日、楽天社長の三木谷浩史は新経連代表理事の肩書で自民党の内閣部会・ＩＴ戦略特命委員会の合同会議に出席し、骨子案を批判している。

公開されている三木谷のスライドによると、三木谷は、個人情報の定義を端末ＩＤなどにも広げれば「データ利用の後退を招く」とした上で、「（政府骨子案は）成長戦略と逆行するガラパゴスな規制」と批判していた。

だが、ガラパゴスはどちらだったのだろうか。

既にあの時点で、欧州も米国も「人」だけでなく、人が使用する「情報端末」の情報を保護する方向で様々な政策が進んでいた。ビッグデータ、ＡＩ時代の技術やサービスの進展を考えれば合理的な規制と言えるだろう。２０２１年の今、世界の保護法制を見渡しても、「人」だけでなく、人に紐づく可能性のあるもの、とりわけデータマッチングによって膨大な情報を紐づけられる共用性の高いＩＤの保護こそが世界標準だったことがわかる。

先進国の中で日本だけが現代的なプライバシーのルールに背を向けた結果は、ＩＴ業界にとって必ずしも吉とはならなかったように思う。日本のＩＴ業界が、利用者と向き合わず、同意なきデータ利用という安易な手法に安住した一方で、ＧＡＦＡをはじめとするグローバルＰＦは厳しいプライバシー規制を敷いた欧州で揉まれ、その基準を満たすために体制を整えてきた。例えば現在、日本で活動する広告事業者の中で、最もプライバシーポリシーが整っている事業者の一つがグーグルであることは否定できないだろう。

そして、年々高まるプライバシー保護要請に応じるていで、アップルやグーグルは今、相次いでブラウザによるクッキー締め出しの方針を打ち出した。日本の広告業界は大混乱をきたし、その多くは青息吐息の苦境に陥っている。15章で詳述するが、ポストクッキー時代に、日本の広告市場におけるグーグル支配を阻止できる見通しは残念ながら立っていない。

6　時期はずれるが、２０１７年３月に三菱総研が世界６ヵ国の20歳〜69歳の男女に実施したアンケート調査では、パーソナルデータの提供に「とても不安を感じる」「やや不安を感じる」と回答した人が日本では84・１％にのぼり、米国の61・８％、英国の62・４％、ドイツの61％より高かった。

7章　2015年個情法改正の達成と未達成

法改正が企業にもたらしたもの

2015年の個情法改正で端末IDなどが保護対象にならなかったことは、PFや広告事業のみならず、社会全体に誤ったメッセージを発信することになったかもしれない。「個人情報として扱わなくてもいいことがはっきりして、正直、ホッとした」。国内のアドテク企業の元幹部はこう振り返る。

広告主や、広告をサイト上に表示している企業の心理的なハードルも下げた可能性はある。彼らは、自社のウェブサイトを訪問した閲覧者に別のサイトに遷移した後も自社の広告を見せ続ける「リターゲティング広告」や、自社サイトを訪問した閲覧者に最適な広告を見せるための「ターゲティング広告」のために、広告事業者の用意したJavaScriptなどのタグを設置する。これは、自社サイト訪問者のサイト上での行動を広告事業者に教えてあげること

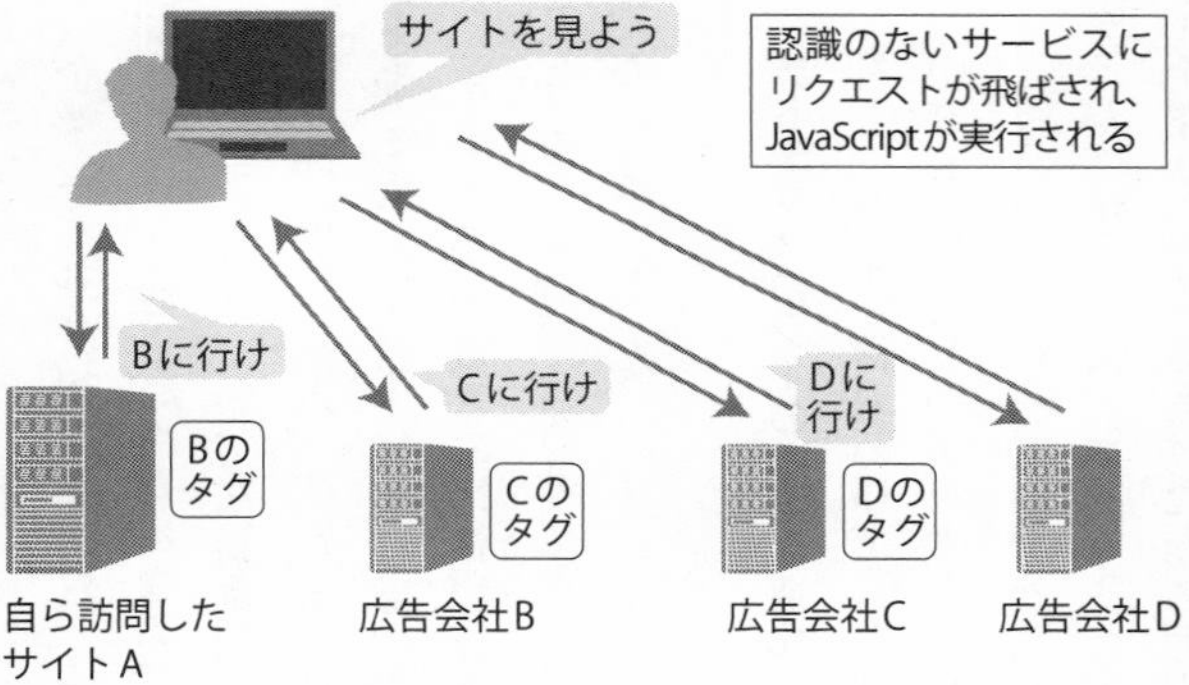

図表7　JavaScriptタグのピギーバック（PiggyBack）

で、つまり「お客様情報」を提供しているようなものだ。

オフラインの商売でこれが行われたとしたらどうだろう。自動車販売会社が、お客様に関する情報を簡単に外部に渡すとは思えない。ところが、企業の公式サイトとなると、なぜか深く考えずに渡してしまう。しかも気前のいいことにほぼ無料で、一つのページを閲覧しただけで50〜70の外部サーバにアクセスするようになっていることもある。たとえその企業のサイトにはJavaScriptが一つしか設置されていなくても、閲覧者のブラウザが飛ばされた先のサーバにさらに別の事業者が用意したJavaScriptがあると、閲覧者のブラウザはさらに別のサーバにアクセスさせられる……という風に、複数の事業者が便乗して閲覧者のデータを共有することが少なくないからだ（図表7）。「タグのピギーバック」と呼ばれる手法だ。

企業にそれを指摘すると、広報部門や法務部門からは「広告事業者が用意してくれたJavaScriptを設置しただけなので、よく知りませんでした」という答えが返ってくる。設置の可否や影響について法務部門などがチェックしている企業は少ないようだ。

15年の法改正前は、閲覧者の情報の安易な外部提供が発覚して社会から批判を受けることもあった。例えば、12年には、「はてなブックマークボタン」が設置されたウェブサイトを閲覧すると、閲覧者の情報が広告会社のマイクロアドに提供されていたことが問題となり、「はてな」は提供を停止した。法改正後は、同じようなことが行われていてもそれほど問題にならなくなった。

アドテクノロジーの急速な進化

社会の意識が薄れる中で、しかし、アドテクノロジーは急速に進化していった。

中でも目覚ましかったのが、DMP（Data Management Platform）の多機能化だった。DMPとはユーザーの行動履歴を集約して、詳細な属性データを作り上げ、管理・分析するシステムだ。扱うのは、JavaScriptを設置した様々なウェブサイトから集めたデータや、ユーザー企業から提供を受けた顧客データ、データブローカーから購入するものもある。基本的には端末やブラウザを識別する端末IDやクッキーなどに紐づけられたデータで、「個人情報ではない」として自由にやりとりされていた。だが、複雑化した広告システムの中で、その運用は外部からはうかがい知れないものになっていった。

太田祐一（38歳）は、そのDMPを日本で最初に作り上げた男だった。

中学からパソコンにはまり、「俺はビル・ゲイツになる」が口癖だったらしい。筑波大工学システム学類に在学中の04年には早くも最初の起業を経験している。とはいえ、ただちに一攫千金というわけにはいかず、チラシ情報を検索するアプリを開発してほそぼそと稼いだり、マンガの読み放題サービスを始めようとして、著作権法の壁にぶち当たって断念したり、という学生生活だった。

卒業後はマネックス証券に就職した。同社は1999年に松本大が創業した個人投資家向けオンライン証券会社のパイオニアである。「機関投資家や企業だけでなく、個人だって世界中の様々な情報に接し、自ら判断し、投資をするべきだ。インターネット時代のテクノロジーがそれを可能にする」。松本のその創業精神に、太田は強く影響を受けたという。

同社のテクノロジー部で3年を過ごした後、2010年に再び起業する。今度はニュースアグリゲーションの会社である。SNS上で取り上げられているニュースがどれだけシェアされ、評価されているか自動的にスコア化し、ニュースの信頼性をチェックしたり、企業に自社のニュースがどのように評価されているか情報提供したりした。狙いは良かったが、マネタイズはうまくいかなかった。結局、用意した資金は1年で底をつく。仕方なく、「データ分析のできる人」という求人を見て飛び込んだのが、アドネットワークの世界だった。

入社したサイバーエージェントの子会社で託されたのが、日本初のDMPの開発だった。イメージしていたのは、当時、米国のオーディエンスサイエンス社が開発して注目を集めていたシステムだったという。企業などのウェブサイトにJavaScriptを設置して、ユーザーの様々な行動履歴を集め、独自のIDを書き込んで、必要な時にIDに紐づく情報を活用する。広告主側の代理店であるDSP（Demand-Side Platform）やパブリッシャー側の代理店であるSSP（Supply-Side Platform）のサーバとも瞬時に共有してターゲティング広告に利用することもできる。既にグーグルの独壇場だった広告ネットワークの中で、グーグルに頼らない、独自の「データの倉庫」を作りたいと考えていたのだ。

開発に成功すると、DMP事業が独立して株式会社オウルデータが設立され、太田は社長に就任した。12年のことだ。設立から1年で単月黒字化も達成した。競合他社も次々と参入し、DMPはデータマーケティングの最強ツールになっていく。

ユーザーからの「ぼったくり」

しかし、太田は自らプログラムを書きながら、「これ、ユーザーからすれば嫌だよなあ」という思いを拭えなかった。自動車会社のウェブサイトを見たり、サッカーの試合結果をチェックしたり、アダルトサイトを見たり、病院を検索したり……そういった行動が、それぞれのサイトから吸い上げられ、統合され、分析される。そして、そのデータが全く自分とは関係のないところで売り買いされているのである。本人は想像もしないことだろう。

しかも、最初はIDに紐づけられた情報で、名前はわからないかもしれないが、それらは提供された先で各社の保有する情報と突合されて、個人情報に変わる可能性がある。

太田はMA（マーケティングオートメーション）ツールの開発も手がけている。MAツールとは、ウェブサイト訪問者のデータを自動的に整理し、働きかけるツールである。ウェブサイトに設置すれば、閲覧した顧客や見込み顧客がサイト上でどんなアクションをし、それに対して企業がどんな働きかけをしたかも記録されて、サービスや商品のレコメンド（推薦）などが簡単にできる。これにDMPを組み合わせれば、その顧客がほかのウェブサイトで何をしたのか、どんな性格でどんな経済状況にあるのかもわかり、まさにその顧客にぴったりのマーケティング戦略を練ることができるのである。

太田の開発したMAツールには、サイト上に入力した個人情報とクッキーを紐づけて管理する機能もあった。例えば、美容外科を運営する医療法人は、閲覧者が資料請求の際に登録した個人情報をクッキーと紐づけて管理し、他のサイトにおけるその閲覧者の行動を突合し、個人情報を拡張していた。突合された情報の中には、心療内科の病院が運営する、精神状態をチェックできるサイトでの行動もあった。

「えげつないことをしてきた」と太田は振り返る。信用情報のチェックができるという謳い文句のサイトにDMPが導入されたこともある。ユーザーが消費者金融などから借り入れたローンや返済状況などを入力すると、自分の信用情報やさらに借り入れ可能な金額などがわかるのだが、その内容は他の事業者のDMPに送られ、蓄積される。プライバシーポリシーには、「入力された情報を外部と共有します」と書いてある。だが、どれだけの人が理解していただろう。新卒紹介や人材派遣を手がける企業に、ウェブサイトの閲覧履歴をもとに採用予定の学生の性格や指向などを分析して採用企業に販売する計画を提案したこともある。のちに炎上するリクナビ問題と、発想としては同じだった。

太田は、マネックス証券の松本の言葉を思い出していた。「個人も自ら世界の情報に接し、自ら判断して投資する機会を与えられるべきだ」。自分は今、何をしているのだろうか。データの当事者であるユーザーは全く関与することもできないまま、自分のデータを使われている。それでいいのだろうか――。

太田はユーザーデータの売買を仲介するシステムの開発も手がけたことがある。データ売買の当時の市場は約1600億円とされていた。「これはユーザーの無知につけこんで儲けた利ざやだ」と太田は思った。「俺たち、〝アービトラージ〟で儲けているんだ」。

アービトラージとは、「サヤ取り」を意味する証券用語である。自分の今の仕事は、それだ。データに価値があることを知らない消費者や、顧客のデータに価値があるとわからないままJavaScriptを設置しているサイト運営者と、消費者のデータに価値があると思っている広告主との「差」で儲けている。ユーザーに知識がない状況では、その差は「ぼったくり」と言っていいほどに大きかった。「差を縮めて公正な値段にしたい」と太田は思った。

転身

ユーザーの無知から利益を得る側から、データ流通の実態を社会に伝える側に身を置くことを決意したのは16年のことだ。EUでGDPRが制定された5ヵ月後、太田は株式会社データサインを設立する。学生時代を含めて3度目の起業だった。

データサインの柱は二つある。

一つは、法人向けサービス。ウェブサイト運営企業に対し、設置したJavaScriptによって、訪問者のデータがどこに流れているのかを調査したり、「見える化」するツールを提供したりする。前述のように、JavaScriptを一つ置いただけでも、サイト運営企業の意図しない複数の外部サーバに閲覧者のブラウザを飛ばしていることが少なくない。このため、これを「見える化」することによってサイト運営者自身が状況を正しく把握し、不要であればJavaScriptを外す、必要であればプライバシーポリシーで正しく説明し、オプトアウトの導線を示すことによって、ユーザーへの説明責任を果たしてもらうことを意図している。

もう一つが個人向けに提供するデータ管理ツール「パスピット」。ユーザーが様々なサービスを使う際、自分のどんなデータがどこに提供されているのか自身で管理するためのツールだ。データを活用したい企業からのオファーも管理できる。どのようなデータが、何に使われるのか、データ提供に対する報酬は何かなどが示され、ユーザーが選択できるようになっている。

21年4月現在、従業員は17人。各界から有能な人材が集まりつつある。例えば、20年に参加した坂本一仁（37歳）は、長年、セコムＩＳ研究所で情報セキュリティやプライバシーの問題を研究してきた。その研究は学術界では高い評価を受けていたが、「プライバシーはビジネスにはならない」と半ばあきらめていたという。だが、ある時、セミナーで太田が「誰もが公正に安心してデータを活用できる社会を作りたい」と話すのを聞き、参画を決めた。

「データをうまく活用して便利な社会を実現したい。だけど、そのためには個人が正しく理解し、個人もその仕組みに関与できるようにしないといけないと思う」。太田は、マネックス証券で教えられたものを自分の土俵で実現させる、その一歩を踏み出せた、と感じている。

太田は各種カンファレンスや学会、政府の検討会でも引っ張りだこだ。これまで、外部には見えにくかったアドテクの仕組みをわかりやすく、ユーザーの目線から説明してくれるからだ。古巣の広告業界は震え上がっている。だが、太田は、アドテク関係の友人らにも「個人がデータを出さなくなれば利活用もできない。知らない間に提供させる今の方法ではいつか破綻をきたすことになる」と説く。

呉越同舟の勉強会

太田と同じ問題意識を持ちながらも、別のアプローチでインターネット広告の抱える問題に取り組もうとしたのが、ライフログ研の頃から勉強会を続けてきた森亮二と吉井英樹の「吉井学校」コンビだった。個情法の改正内容には不満だったが、まずは現行法でも違法な事案を「告発」し、社会の関心を高めよう、という戦法である。

森は、15年改正を議論した「パーソナルデータ検討会」の委員で、佐藤一郎が主査だった技術検討WGでは主査代理も務めていた。秘書から「お金にならない仕事ばかりして」と呆れられながらも、佐藤や高橋克巳、内閣官房IT室の村上聡らとともに、毎日のように夕方から終電間際まで議論を闘わせたのである。「準個人情報」の検討では、IT業界や広告業界の利用実態も踏まえながら、消費者も経済界も双方が納得できるギリギリの線を探ったつもりだった。それだけに、最終的に端末IDなどが規制から除外されたことはショックだった。

弁護士としての実務を通じて、「非個人情報」がIDをキーとして他の情報と突合され、簡単に「個人情報」に変わりうる危うさも感じていた。吉井との勉強会を始めた当初から考えていた、「収集型のプライバシー侵害」の問題（4章を参照）を消費者に我がこととして理解してもらうことも課題だった。どうすれば社会にわかりやすく問題提起できるだろうか。悩みながら吉井との勉強を続けていた。

一方、吉井は、15年改正ではグレーゾーンは解消できなかったと感じていた。それどころか、ひどくなったのではないかとさえ思っていた。一般のユーザーの市民感覚では「アウト」と思うことでも、法改正以降はさっぱり炎上しなくなった。一般のユーザーがこの状況を受け入れたというよりは、気づきにくくなっただけではないか。ユーザーが正しく理解したら大炎上するのではないか。危険水位に今にも達しそうな、そんな領域に日本のまじめな企業は手を出せないが、一部の海外事業者は侵食してくるという構図はより鮮明になっていたのだ。

「炎上ラインはどこなのか、はっきりさせたい。そしたらうちもギリギリまでやる」。どこか他社が炎上すればいい、とでも言いたげな吉井だが、本音は、ユーザーに正しく実態を知ってもらった上で、そのデータを託すに足る事業者、つまり自分たちを選んでほしい、ということだ。

呉越同舟の勉強会ではあったが、共通のターゲットが見つかった。それがＦＢの「いいね！ボタン」だった。

２章で触れたように、「いいね！ボタン」はユーザーの閲覧履歴をＦＢに送らせるためのJavaScriptだ。「いいね！ボタン」が設置されたウェブサイトにアクセスすると、「いいね！ボタン」をクリックしなくても、閲覧した瞬間に、閲覧者のブラウザはＦＢのサーバにアクセスし、閲覧履歴をＦＢに渡すことになる。ＦＢに渡すデータは、クッキーに紐づけられた非個人情報だが、ＦＢは登録情報を持っているので、そこでは個人情報になる。まさに、非個人情報が個人情報に変わるケースである。森のもとには、当時、クッキーのデータを個人情報と突合して使いたいという企業から相談が相次いでいた。森が違法性の疑いがあることを指摘すると、みな「ＦＢさんはやっていますよ」と不満そうにするのだった。「これはどこかで問題提起しないと、ずるずると広がってしまう」と森は感じた。

これについては、途中から「吉井学校」に参加[7]した筆者が18年２月25日、問題点を指摘する記事を『読売新聞』に掲載した。直前の同年１月末に調べた範囲では、上場企業の売上高トップ１００社のうち半数以上でボタンが設置されていた。最も深刻だと感じたのは、外務、財務、警察庁などの政府機関のサイトや、アダルトサイト、医療情報サイト、闘病記録などを患者が綴る病気ブログにまで設置されていたこと。そして設置しているサイト運営者のほとんどが、FBの個人情報収集を手助けしているという意識がなかったことだ。当時は、クリックしなくても、ページにアクセスしただけで閲覧者のブラウザをFBにアクセスさせるということもほとんどが知らなかった。もし、端末IDやクッキーが個人情報として位置づけられていたら、これほどの無関心ではいられなかっただろう。

行政指導の意味

ただ、一番印象に残っているのは、記事を書く前にFBの国内広報担当に取材し、この問題について何か対応する予定があるかどうか尋ねた時のことだ。担当者は屈託なく、にこやかにこう答えた。

「海外では規約の見直しなど対応を検討しているが、日本では予定はない」

ちょうどその頃、ドイツでは連邦カルテル庁が「いいね！ボタン」によるデータ統合の問題点などについて調査を進めていた。GDPRで保護されるべきデータを利用者にわかりにくい形で収集することが競争法に違反する可能性があると見ていたのだ。しかし、欧州では、クッキーや端末IDなどブラウザや端末を識別する情報も個人データに分類されている。F

Bの広報担当者は、日本ではクッキーに紐づけられた情報のやりとりは問題にされないと判断したのだろうか。あるいは、仮に問題にされたとしても、日本では海外事業者が法執行されることはないだろう、と思っていたのだろうか。

しかし、個情委は18年の10月、FBへの行政指導に踏み切った。「偽りその他不正の手段により個人情報を取得してはならない」と定めた個情法17条の適正取得義務に違反する恐れがある、と判断したと見られている。

この指導は、二つの点で転換点となるものであった。一つは、JavaScriptで集めた閲覧履歴を個人情報にすることが初めて公に問題視された点、そしてもう一つは、海外事業者が対象になった点である。もちろん、指導は行政処分ではない。しかし、海外事業者への指導が公表されたことは初めてで、しかも相手は世界のビック・テックである。森と吉井は、快哉を叫んだ。

実は個情法は15年改正まで、域外適用を認める規定が存在しなかった。この改正で初めて、域外適用を認める75条が新設されている。もっとも、この時点で適用できるのは指導・助言（41条）と勧告（42条第1項）のみだった。立法担当者らによる「一問一答　平成27年改正個人情報保護法」によると、報告徴収や立ち入り検査、命令を外国事業者に行うことは「外国の主権との関係上困難であると考えられます」と説明されている。個情法において、外国事業者にも国内事業者と全く同じ適用が可能になるのは、このあとの２０２０年改正まで待たなくてはならない。

「二人ＦＢ問題」とは？

森や吉井は、ＤＭＰについてもＦＢと同じ問題があるのではないかと考えていた。つまり、ＤＭＰ事業者が、ＩＤやクッキーに紐づけられた個人に関する情報を、顧客の個人情報を保有しているユーザー企業に提供する場合、ＤＭＰ事業者の元では「非個人情報」であるが、ユーザー企業に提供された段階で、ユーザー企業の保有する個人情報とＩＤをキーとして突合されて「個人情報」に変わる。ＤＭＰ事業者とユーザー企業間のデータのやりとりでＦＢの「いいね!ボタン」と同じ効果が生じるので、我々は「二人ＦＢ問題」と呼んでいた。

議論になったのは、ＤＭＰ事業者のこの行為が個人情報の第三者提供に当たるのではないかという点だった。個情法では、個人情報を第三者に提供する際は、原則として本人の同意を取ることが義務づけられている（23条1項）。ＤＭＰ事業者がユーザー企業に渡す情報は「非個人情報」だが、提供先では「個人情報」になるのだから、本人に無断でユーザー企業に提供する行為は23条違反ではないか、と考えたのである。実は、これまで個情法の世界では、Suica問題のように、提供元（ＪＲ東日本）では個人識別性のある情報が、提供先（日立製作所）で個人識別性がなくなる場合に、本人の同意を取る必要があるかないか、という議論はなされてきたが、その逆のケース、すなわち、提供元では個人識別性がないのに、提供先で個人識別性が生じるケースは想定されてこなかった。だが、太田が目の当たりにしてきたように、インターネットの世界では頻繁に起きていたことだ。

その事実が、極めて深刻な権利侵害として初めて明るみに出たのが、19年8月に『日本経済新聞』のスクープによって発覚したリクルートキャリアによる「リクナビ」問題だろう（3章を参照）。

リクナビはスコアを企業に販売する際、18年春から19年2月までと、同年3月以降では提供方法を変更している。3月以降は、学生の名前にスコアをつけて採用企業に販売していたが、それ以前は、学生の名前は入っていなかった。どうやってスコアをやりとりしたかと言えば、学生が採用企業のウェブサイトなどを利用した際にブラウザに書き込んだクッキーをキーとして、これにスコアを紐づけて学生に無断で提供していた。リクルートキャリアから採用予定企業に販売されたクッキーつきのスコアは「非個人情報」である。リクナビは、クッキーが「個人情報」ではないから学生の同意は不要だと言いたかったのであろう。だが、もちろん、採用企業側は学生のブラウザのクッキーを知っているのだから、どの学生のスコアかわかる状態だ。個情委は19年12月、この行為を勧告の対象にした。

この時点で、端末やブラウザなどの識別子に紐づけられた情報であっても、提供先で個人情報になる場合は規制の対象にすべき、という個情委の問題意識が確立したとも言える。これが20年6月成立の改正個情法での「個人関連情報」[8]の創設に結びついたのである。

しかし、20年改正を見てつくづく思う。個情法の中に定義された個人に関連する情報は、「個人情報」「匿名加工情報」「仮名加工情報」そして「個人関連情報」と、つぎはぎのパッチワークのような状態になってしまった。そして、これだけいろいろな新たな概念を動員しても、すべてのパーソナルデータは保護できない。

「特定の個人を識別する」という個人情報の定義中の「特定」は、かつては氏名到達性を重視して論じられる傾向にあった。だが、サイバー空間での個人の行動が重みを増す中、実社会ではどこの誰かわからなくても、サイバー空間で本人に到達できるような一意性を有する情報であれば、特定性を認めるというのが自然な考え方である。

約10年前に総務省で「パーソナルデータの利用・流通に関する研究会」事務局を務め、法改正に道を開いた総務省の藤波（6章を参照）は、「EUはあの10年前には、個人識別性の議論を卒業していた」と振り返る。個人識別性がなくてもまずはパーソナルデータととらえ、その上で、当事者に与えるプライバシー上の影響の度合いや、利用目的の正当性を比較し、利用の可否を判断するという発想だ。「もしあの時、個人情報保護のルールを形式的なものから実質的なものに変えられていたら」。個人にとっては守られるべきものが守られ、事業者側から見ても明確なルールの下で適切な利活用が進めやすい、双方にとって良い形になったのではないか。藤波は少し悔しそうな顔をする。

7　「吉井学校」の成果として、共同研究「オンライン広告におけるトラッキングの現状とその法的考察」（若江、森、吉井『総務省情報通信政策研究』第2巻第2号）

8　「生存する個人に関する情報であって、個人情報、仮名加工情報及び匿名加工情報のいずれにも該当しないものをいう」（２０２０年改正個情法26条の2第1項）と定義されているが、念頭に置かれていたのは、クッキー等に紐づいたウェブの閲覧履歴を集積・分析したＤＭＰである（「個人情報保護法いわゆる3年ごと見直し制度改正大綱」第４章４「端末識別子等の取扱い」）。

8章　検索をとられる！——グーグルと提携したヤフーの選択

ついにグーグル提訴

2020年10月20日。前年から調査を続けていた米司法省が、反トラスト法違反の疑いでグーグル提訴に踏み切った。グーグルがアンドロイドOSを使うスマートフォンメーカーと結んでいた契約が、競争阻害行為に当たると指摘したのである。

グーグルはメーカーに対し、アンドロイドOSを搭載する際の条件として、グーグルの検索エンジンやブラウザのクロームを事前にインストールしておくよう求め、さらに、競合他社の検索エンジンを入れないことを条件に多額の報奨金を支払っていたとされる。アップルとも、アイフォンにグーグル検索をプリインストールするよう契約を結び、年間最大120億ドル（約1・3兆円）を支払っていたという。

世界のモバイル市場でアンドロイド端末は74・4％を占め、アップルのアイフォンは25％

のシェアを持つ（20年9月、StatCounter調べ）。どちらもグーグルの検索エンジンをプリインストールしているということは、世界のスマホのユーザーの99・4％は、スマホ購入の直後からグーグル検索を使うことができ、一方でその他のエンジンはわざわざ自分で探してインストールしないと使えない、ということだ。そのユーザーがよほどの「グーグル恐怖症《フォビア》」でもない限り、普通はグーグルの検索を使うことになるだろう。

スマホユーザーにあまねくグーグルの検索エンジンを使わせることを可能にする構造。だが、これは今になって米司法省が暴いたというわけではない。その実態を知らしめたのは、MADA（Mobile Application Distribution Agreement）と呼ばれるグーグルと端末メーカーとの合意書の存在だ。14年2月、米国の研究者によって公開された。もともと機密扱いだったとされるが、今はネット上で確認できる。[9] Oracleとグーグルとの知財訴訟の中で証拠として提出された文書で、グーグルが10年にHTCと、11年にサムスンと交わしたものとされる。

この中でグーグルは、「グーグルのアプリケーションがプリインストールされている場合のみアンドロイドOS端末を流通させることができる」とし、「検索とアプリマーケットはホーム画面のすぐ次に表示する」など表示の位置まで指定している。グーグルは長く、アンドロイドOSを「誰でも使えるオープンソース」と謳ってきたが、実際には厳しい「縛り」が存在していたことが判明したのである。

当然、この契約は米国市場のみで結ばれていたわけではなく、日本も含め、世界中の端末メーカーと同様の契約が結ばれていたと見られている。欧州やロシアの競争当局の反応は早かった。欧州委員会は15年4月には、調査に着手したことを発表し、18年にはグーグルが検索サービス、モバイルOS、そしてアプリストアの市場における支配的地位を濫用していたとしてEU競争法違反を認定、総額43億4000万ユーロ（約5734億円）の制裁金支払いを命じた。ロシアの連邦独占禁止局も15年9月に競争法違反を認定、グーグルは争っていたが、17年に和解し4億3807万ルーブル（約6・5億円）の罰金を支払っている。

では日本は、どう対応してきたのだろうか。

ロシアがグーグルの独占を解消できた理由

「ロシアのスマホは、グーグル以外の検索エンジンやブラウザが選択できる。欧州でも来年から導入される。日本でも同様の措置を求めるべきではないか」

米司法省がグーグルを提訴するより1年ほど前。東京・霞が関の合同庁舎の一角で、デジタル市場競争本部の事務局に対してIT業界の関係者がこう力説していた。デジタル市場競争本部は、PFによるデータ寡占への対抗策を講じるため19年9月に内閣官房に設置された組織だ。

この人物が説明したのは、グーグルが19年夏に発表した新たな取り組みだった。グーグルは前述のEU競争法違反の認定を受けて、端末メーカーとのライセンス契約を見直し、初期設定画面で他社のブラウザや検索エンジンも選択できるよう改善する方針を発表していた。検索エンジンの場合、20年3月以降に発売されるアンドロイド端末ではグーグルのほか3種類を購入直後から選択できるようにするという。ただし、対応するのはEUで発売されるスマホのみだ。日本で発売される端末は対象外である。

「問題を抱えているのは日本の検索エンジン市場も同じ。ユーザーに選択肢を与えれば、グーグルの独占状態を解消できるのではないか」。この関係者が例に挙げたのが、ロシアでの事例だった。

ロシアでも前述の通り、連邦独占禁止局が違反を認定し、17年4月にグーグルと和解している。この違反審査はもともと、国内インターネット企業最大手のヤンデックス（Yandex）の訴えを受けて始まったものだった。和解は、グーグルがロシアで販売するアンドロイド端末について、自社アプリの優先的なプリインストールを中止することが条件だった。このため、ロシアで発売されるアンドロイド端末には、グーグルに加えて、ヤンデックスの検索エンジンがプリインストールされるようになった。すると、モバイルでの検索サービス市場は動き始め、18年11月にはヤンデックス（52・0％）がグーグル（46・6％）を一時逆転するまで盛り返したのである。

「日本でも効果はあるはず」。関係者の強い要望を受け、デジタル市場競争本部が20年6月にまとめた「デジタル広告市場の競争評価中間報告」には、〈今後検討対象となり得る具体的なオプション〉として、「検索市場において高いシェアを有するPFに対して、検索サービスのデフォルト設定において、選択画面の設定を求める」という短い一文が盛り込まれた。

だが、業界のある関係者はそれでも不満を隠そうとしない。「欧州でもロシアでも、競争法違反で摘発されて、巨額の制裁金を科されたからこそグーグルは動いた。日本の公取委は何もしていない。彼らが言うことを聞くと思うか」。

もしマイクロソフトのビングが撤退したら

この報告書を読んで、別の観点から頭を抱える人もいる。

「検索エンジンでグーグルの対抗軸となる存在は、日本にはもうなくなってしまった。今さら選択できるようにしたとしても、ないものをどうやって選べというのだろうか」

こう嘆くのは、「はじめに」でも紹介したSEOコンサルタントの辻正浩である。

SEOは、検索でウェブページが上位に表示されやすくするための技術的な対策のこと。ウェブでの露出が企業活動の成否を大きく左右するようになった今では、重要なマーケティングの一つとなっている。

検索エンジンが結果の順位を決定する上では、それぞれ独自のアルゴリズムが用いられるが、その詳細は公開されていない。このため、辻のような専門家が様々なツールを使って膨大な検索エンジンの動きを観察し、どのようにウェブサイトが評価されているのか、その特徴や基準を調査する。ＳＥＯの世界では、辻は知らない人はいないほどの実力を持ち、ツイッターでは３万人以上のフォロワーがつぶやきを注視する。それほど検索の世界を深く知る辻が、絶望的な顔で「もう手遅れではないか」と言うのである。

例えば、20年４月にマイクロソフトの検索エンジン「Ｂｉｎｇ（ビング）」が、多言語対応のためのツール「ＸＧＬＵＥ」を公開した時のことだ。人工知能を使った注目の技術だったが、対応する19言語の中に日本語が含まれていないことに気づき、辻は愕然としたという。「ビングは日本での市場シェアが小さくなりすぎて、日本語での技術開発に意欲を失いかけているのではないか」。

世界全体の検索サービス市場では１位がグーグルで、２位以下に百度《バイドゥ》やビングが続いている。だが日本ではこの時点でグーグル（76・75％）とヤフー（19・87％）が大半を占め、ビングはわずか２・９％（20年４月現在、StatCounter 調べ）。百度は既に15年に日本市場から撤退している。

検索精度を上げるには莫大な設備投資が必要だ。常時、膨大な数のウェブサイトをクローリング（ウェブを巡回して情報を蓄積すること）しなければならない。だが、例えば、日本のある大手サイトにグーグルは1日8000万回以上クローリングしているが、ビングの巡回数は半分以下だった。一方で、クローリングの際のアクセスコントロールには技術力を要するが、ビングはコントロールに失敗して、巡回先のサーバに負荷をかけてトラブルを引き起こすこともあるという。このため、最近ではツイッターのようにビングのアクセスを制限しているサイトも少なくない。

「市場シェアが小さくなって、コストをかけてもペイしないと判断しているのかもしれない。だが、コストをかけないから精度はますます下がり、使いにくいからさらにシェアを下げるという、負のスパイラルに陥っている」

特に懸念されるのが、日本語の検索エンジンの場合、他の言語圏より新規参入が困難だという点だ。日本語の場合、単語と単語の間にスペースがなく、文構造や修飾関係があいまいであるなどの特殊性もあり、自然言語処理は難しいとされる。英語圏で健闘するダックダックゴーやエコシアなども日本語の精度は高いとは言えない。

検索サービス市場だけに目を向ければ、日本は2位のヤフーが健闘しているように見える。だが、ヤフーの検索エンジンはグーグルから提供されているものだ。つまり、日本のユーザーの96・6％は、グーグルの検索エンジンを介してインターネット上の情報にアクセスしていることになる。だからこそ、辻は「もし、ビングまでが日本市場から出て行ってしまったら、完全にグーグルしかなくなる」とビングの動向が気がかりでならなかったのだ。

インターネット時代、検索は人々が情報にたどり着くための主要な入口になった。その道案内役がグーグルだけに絞られることがいかに危険なことか。職業柄、辻は痛いほど知っている。だが、「もう対抗軸を育てるのには手遅れかもしれない」と焦る辻が、今振り返って悔しがるのは、約11年前の出来事である。

「もしあの時、違った対応が選択されていたら……」

なぜヤフーはビングを採用しなかったのか

10年7月27日、ヤフーの当時の社長、井上雅博が東京証券取引所内の記者クラブで発表した内容は、検索関連業界には大きな衝撃だった。

自社の検索サービスで、それまで使っていた米ヤフー開発の検索エンジンに替えて、グーグルに利用料を払ってエンジンの提供を受けるというのだ。検索サービスと連動する検索連動型広告の配信にもグーグルのシステムを使う計画だという。自社の主力事業である検索サービスで、中核技術をライバルの製品に委ねるというのである。

米ヤフーとソフトバンクの合弁会社として96年に設立されたヤフーは、本家が米国内でグーグルの追撃を受けて苦戦する中でも、日本国内ネット最大手としての絶対的な地位を築いていた。ただ主力の検索サービスで独自のエンジンを持たないという弱みがあった。

ヤフーが創業した当時、検索エンジンの主流は「ディレクトリ型」と呼ばれる「人力」エンジンだった。人間がウェブサイトの内容を確認してカテゴリー分けし、ユーザーが探しやすいようにインデックスを作る。ヤフーもこれを採用し、社内では「サーファー」と呼ばれる担当者が一日中パソコンに向かってネットサーフィンし、面白そうなサイトを見つけては「アート」「ニュース」「ビジネス」「教育」などのカテゴリーごとにアドレスを登録していたという。人が判断しているので、正確で使いやすかったが、検索対象であるサイトの数が爆発的に膨れ上がる中で、人手であらゆるサイトをすぐ反映させるのは不可能になる。98年にラリー・ペイジとセルゲイ・ブリンがロボット型エンジンを引っ提げてグーグルを立ち上げると、ディレクトリ型は主流の座を奪われた。ヤフーも、ディレクトリ型を補完するために、裏でロボット型検索エンジンを併用するようになり、一時はグーグルのエンジンを使ったこともあった。

しかし、日本国内でもグーグルが力を増し、ライバルとして立ちはだかるようになると、ヤフーは04年、グーグルから米ヤフーのエンジンに切り替えていた。さらに検索連動型広告の配信元からもグーグルを外し、米ヤフーと資本関係のある検索連動型広告会社オーバーチュアを買収するなど、グーグルを意識して国内の体制を固めていたように見えた。

こうした中、業績悪化に苦しんでいた米国のヤフーが08年、多額の投資の必要な検索エンジンの自社開発を断念してしまう。09年7月には米ヤフーはマイクロソフトのビングから検索エンジンの提供を受けることで合意している。このため業界では「日本のヤフーもビングを採用する」という見方が大勢を占めていた。だからこそ10年7月のヤフーの会見は辻にとっても青天の霹靂《へきれき》だったのだ。

井上は会見で、「ビングは日本語の対応が遅れ、グーグルの検索精度のほうが高いと判断した」と説明していた。そうした事情は、日頃から検索精度を詳細にチェックしている辻にも理解はできた。だが、驚いたのは、井上が「公取委には事前に相談しており、問題ないとの確認を得ている」と話したことだった。公取委も翌日、当時の事務総長だった松山隆英が定例記者会見の中で記者から質問され、「独立して事業を行うことを前提にしており、ただちに独禁法上の問題にはならない」と容認する考えを表明した。

当時の国内のネット検索シェアはヤフーが53%、グーグルが37%。世界の主要国では圧倒的な検索シェアを握っていたグーグルが、首位に立てずにいた数少ない国の一つが日本だった。だが、この提携が認められれば、ヤフーのポータルサイトで検索しても、中で動いているのはグーグルの開発した検索エンジンということになる。日本のインターネットユーザーの9割以上が、グーグルの用意した検索アルゴリズムに誘導されて情報にたどり着くという現在の形が、この時に決まったのである。

マイクロソフトや楽天は「提携が認められれば日本市場はグーグルに独占される」と強く反発し、それぞれ公取委に正式調査を求める申告書を提出した。公取委は再調査に踏み切ったが、結局、12月2日、正式に「問題なし」との結果を発表する。

公取委の判断

辻が公取委の判断に驚いたのは、この時期、欧米の競争当局がグーグルの検索市場での「猛威」に厳しい目を向け始めていたことを知っていたからでもある。

ヤフーがグーグルとの提携を発表する5ヵ月前の10年2月、欧州では欧州委員会の競争総局、通称DG COMP(Directorate-General for Competition)によるグーグルへの調査開始の報道でもちきりだった。「グーグルが検索で自社サービスを優遇している」との告発がDG COMPに寄せられたのである。

その頃の欧州の検索市場におけるグーグルのシェアは94・9%。圧倒的な力を持つ中、グーグルは08年頃から、商品名などを検索すると、検索結果の上位に自社の比較ショッピングサイト「グーグルショッピング」を表示するようになっていた。

グーグルショッピングは検索連動型の広告である。「冷蔵庫」などと検索すると、検索結果の一番上に様々な冷蔵庫の商品名や価格や店舗名などが写真つきでズラリと並ぶから、使ったことのある人は多いだろう。これらは冷蔵庫を販売したいECサイトや家電量販店がグーグルに広告料を支払って掲載している。かたや、他社の運営するECサイトなどは下位に表示されるため、ユーザーが下のほうにスクロールしていかなければなかなか目にとまらない。

検索結果の表示される位置が、他のショッピングサイトを駆逐する上でいかに大きな威力を発揮するか。18年時点で調査会社Adthenaが、米国などの24万の業者が出稿した4000万件の広告を分析した結果は、それを証明している。調査によると、米国の小売業者らが使った検索連動型広告の予算の76・4%がグーグルショッピングに投じられており、さらに、クリックの85・3%はグーグルショッピングから発生していることもわかったという。

欧州ではその後、グーグルが3度にわたり改善策を提示するが、その都度ダメ出しを受け、最終的には17年6月に24億2000万ユーロ（約3196億円）の制裁金支払いが命じられることになる。

ちなみに、公取委がヤフーとグーグルの連携について調査を進めていた最中の10年10月、グーグルは欧州で問題視されていたグーグルショッピングを日本でも開始している。そして、同年11月30日、DG COMPは、グーグルショッピング問題をめぐって正式審査に入ることを表明しているが、これは日本の公取委が正式にヤフーとグーグルの提携を承認した2日前のことだった。

当時はまだ欧州に比べて、グーグルなどの活動に「寛容」と見られていた米国の司法省さえ、検索エンジンの寡占には神経をとがらせていた。

米ヤフーは、自社エンジンの開発をあきらめてマイクロソフトのビングを採用する前の08年頃、グーグルの検索エンジンを導入することを模索していた。だが、それに待ったをかけたのが司法省だった。司法省はこの時、提携の噂をキャッチすると情報収集を開始し、約半年にわたって100人以上の取引先や経済学者から意見を聴いたとされる。さらに米上院の委員会でも両社の取引先など関係者を呼んで影響などを調査している。

日本の公取委は、どのような判断で計画を容認したのだろうか。

公取委がヤフーから相談を受けたのは、ヤフーが提携の計画を発表する3ヵ月ほど前だったという。しかも、その「相談」は、事業者からの申出書の提出に対して書面で回答する「事前相談制度」に基づくものでさえなかった。「一般的な相談」として、ヤフーから口頭で3回ほど話を聞いた程度だったのである。関係者によれば、委員会に報告も上げられないまま、担当課レベルで了承したとされる。

事務総長の松山は定例会見の席で記者から米国での調査との差を指摘されると、こう答えている。米国のケースは、もともと自社開発の検索エンジンを持っていた米ヤフーがグーグルの検索エンジンを採用するという、「競争者としての位置づけが協力者としての位置づけに変わってしまう」という競争上の懸念があったが、日本のヤフーの場合、もともと検索エンジンを持っておらず、「マイクロソフトを使うかグーグルを使うかという選択の問題」にすぎない——と。

検索エンジンをテコに

たしかに、日本のヤフーとグーグルは「顧客」と「サービス提供者」の関係であり、ヤフー自身にとって最も条件のいいサービスを選択することを独禁法で阻止することのハードルは高かったかもしれない。だが、検索エンジン市場で独占が進めば、欧州で既に起きていたのと同様の競争阻害行為が起きる恐れは十分予想できたのではないか。

辻がこの時、懸念していたのは、インターネット検索の持つ特別な力だった。

検索はインターネットの世界での「動線制御」の機能を持つ。それを制するということは、インターネット時代の経済活動、精神活動の双方をコントロールしうる力を持つということだ。

自社サイトの検索結果が上位に表示されるか下位に表示されるかで、売上げは全く変わる。企業の生殺与奪を握るだけではない。その力を隣接する市場での自らの成功のために使うこともできる。前述のグーグルショッピングがよい例だが、グーグルは、ナビゲーションサービス、ホテルや飲食店、航空チケットなどの紹介・予約サービス、ユーチューブなどの動画共有サービスなど次々と新分野に進出しては成功を収めている。当然だろう。グーグルは自分の庭で闘い、ライバルはグーグルの庭で闘うのだ。グーグルが自分に有利になるようデザインした庭なのだから、勝負は最初から決まっているようなものだ。

例えば、飲みに行くことになって、グーグルで「居酒屋」を探すとしよう。検索結果の上位の目立つ部分にグーグルマップが表示され、現在地周辺の店舗情報が並ぶ。店を選んでクリックすると、混み具合や評価、経路案内などと一緒に、「席を予約」のボタンが表示される。クリックすれば、グーグルと提携するグルメ紹介サイトに飛んで、すぐに予約は完了だ。

これは「グーグルで予約」というサービスで、ぐるなびや食べログ、一休、ヒトサラなど様々な事業者が提携している。現在、グーグルは手数料をとらないが、グルメ紹介サイト会社の幹部は、「参加者が増えたらグーグルショッピングと同様に手数料を要求し、次第に価格をつり上げるかもしれない」と焦りの色を浮かべていた。

ホテル紹介もある。グーグルでホテルを検索すると、グーグルマップ上にホテルの情報が表示される。クリックすれば、ホテルの直販サイトや旅行サイトなどに動線がはられ、予約ができる仕組みだ。ほとんどの旅行会社がグーグルに広告料を払って掲載してもらっている。

「検索の番人」が語る一強の問題点

実は辻は、かなりのグーグル・ファンである。検索エンジンについて調査を重ねれば重ねるほど、グーグルの精緻なアルゴリズムと細かい配慮に魅せられてしまうのだという。だが、そんな辻が、「それでもグーグル一強にしてはいけない」と感じているのは、検索が現代の表現の自由や知る権利を支えるものだと信じるからだ。

「はじめに」でも触れたが、16年に、大手ＩＴ企業ＤｅＮＡの運営する医療系まとめサイトＷＥＬＱ《ウェルク》が、信憑性に欠ける悪質な健康情報を大量に掲載し、問題となった。広告収入狙いでアクセス数を稼ぐためだけの「粗製乱造」の記事ばかりだったが、過剰なＳＥＯ対策をほどこした結果、検索結果の上位に大量に表示されていたのだ。命にも関わる問題である。これを問題視してツイッターで告発し、ＷＥＬＱを閉鎖に追い込むきっかけを作った一人が辻だった。

この問題の後、グーグルは医療分野のアルゴリズムを何度か大きく変えた。病名や症状で検索した際に、信憑性に欠ける記事が上位に表示されないように、規模や知名度を重視する方向でアルゴリズムを調整したのだ。その結果、たしかに危険な記事は上位に表示されなくなった。ただ、個人が細々と続けていた良質の医療系サイトも、検索ではなかなかたどり着けなくなってしまった。

グーグルの努力を評価しつつも、辻は再び悩み始めた。「個人が自由に情報発信できるネットの良さや、社会の多様性が失われないだろうか」と。そして毎日のように膨大な検索ワードをグーグルや他の検索エンジンに投入しては結果を比較し、グーグルのアルゴリズムに行き過ぎや偏りがないかをチェックしている。筆者は彼をひそかに「検索の番人」と呼んでいる。

「検索はそのバランスをちょっと欠くだけでも世の中の見え方を変える力を持つ」。だからこそ、辻は検索エンジンの多様性が必要だと感じている。

「かつて日本には200以上の検索技術があった」と辻は振り返る。だが、次第に選択肢は狭まり、2010年頃にはNTTさえもグーグルの検索エンジンを使うようになっていた。「それでも当時、まだ日本にはヤフーという対抗軸が存在していた。グーグルが8割を占める海外の状況に比べればまだ幸運な環境にあったのに」。

ヤフーとグーグルの提携について公取委に異議申し立てをした楽天も、翌年の11年5月には、ポータルサイトでの検索と検索連動型広告システムをグーグルに切り替えた。楽天はこの時、「良質な技術を採用し、利便性を高めるため」とヤフー同様の説明をしている。

それから約10年。グーグル支配は着実に進んだ。21年3月時点の日本の検索エンジンシェアは、パソコンやモバイルなどを合わせた全体でグーグルが95・92％を占める。スマホの場合は、さらに寡占が進み、99・58％になった。

9　Benjamin Edelman 氏のウェブサイト
http://www.benedelman.org/news-021314/

第二部

始　動

GAFA vs. 霞が関

9章 〝経産藩〟と〝公取藩〟、犬猿の仲の末に

杉本和行公取委委員長の就任

元財務事務次官の杉本和行（70歳）が公取委委員長に就任したのは2013年3月5日。着任当初から頭の中には、急速に力を増す海外PFへの警戒感と「このままでは日本企業は彼らの『下請け』になってしまう」との焦りがあった。

1974年に大蔵省（現・財務省）に入省して主に本流の主計畑を歩み、09年に次官で退官した杉本は、黄金期からバブル崩壊、そしてその後の「失われた20年」に至る日本経済の栄枯盛衰をその目で見てきた。

日本経済の絶頂期とされる89年。世界時価総額ランキングの1位はNTTの1639億ドルで、2位の日本興業銀行の倍以上となり、ダントツの強さを誇った。3位が住友銀行、4位が富士銀行、5位が第一勧業銀行。海外企業は6位にようやくIBM、8位にエクソン、

10位にロイヤルダッチシェルが入るが、10位までを日本企業7社が占めていた。

だが、「ジャパン・アズ・ナンバーワン」と呼ばれたこの時代の栄光は杉本が退官する頃には余韻すら残っていなかった。09年末の世界時価総額ランキングは1位が中国石油天然気（ペトロチャイナ）、2位がエクソンモービル、3位がマイクロソフト。10位までを米国企業5社、中国企業3社が占めた。とりわけ米国の5社のうち3社のマイクロソフト（3位）、グーグル（8位）、アップル（10位）のIT企業には、次の時代を切り拓く勢いが感じられた。かたや日本は、トヨタの27位が国内企業の最高位だった。

「バブル崩壊後、日本企業は内向きになり、コストカットばかり考えるようになった。イノベーション・マインドを失ってしまった」。財務省時代から日本再生の道を模索していた杉本は、公取委委員長の就任が決まって以降、「企業にイノベーション・マインドを起こさせるような競争環境を整備する」と決意していた。

特に強く意識していたのは、PFと対決姿勢を強める欧州委員会だった。既に10年11月、欧州委員会の競争総局DG COMPは、グーグルが検索市場での支配的な地位を濫用して自社の比較ショッピングサービスを有利にしているとして正式審査を表明していた。グーグルはその後、3度にわたり改善策を打ち出すが、DG COMPは納得せず、さらに実効性のある改善策を要求するなど強い態度で臨んでいた。

杉本は委員長に就任後、ことあるごとに職員に説き続けた。「これからはデータ・エコノミーの時代。データに着目して競争政策を展開していく必要がある」。だが、組織はなかなか動かない。

それも無理からぬところはある。公取委における「花形」はそれまで、カルテルや談合の摘発だった。独禁法の排除措置命令の執行事例も、その大半はカルテルや談合が占めていた。カルテルなどは、モノやサービスの「価格」に着目した違反行為である。だが、PFのビジネスで問題となっているのは、事業者が「無料」のサービスと引き換えに膨大なデータを集め、それを使って別の市場で支配力を強める動きだ。従来の「価格」を重視する審査の発想では対応できなかったのである。

「職員の間で『カルテルや談合さえ摘発していればいい』という考えが強すぎて、その頭の中を変えるのが大変だった」と杉本は振り返る。いや、変化させる必要があるのは、頭の中だけではなかった。公取委にはノウハウも人員も足りていなかったのだ。

「笛吹けど踊らず」。当時、杉本がこうぼやくのを周囲の人間は覚えている。公取委が杉本の思うように動き始めるまでに、あと数年、待たなくてはならなかった。

非公式「グーグル勉強会」

公取委が足踏みを続ける中で、先にメガPFに反撃の狼煙《のろし》を上げたのは、経産省だった。16年1月、経済産業政策局（産政局）の産業組織課が立ち上げた有識者会議「第四次産業革命に向けた横断的制度研究会（以下、横断的制度研）」がそれだった。

実はその前年度の14年10月から、産政局は非公式の勉強会をスタートさせている。正式名称は「データ駆動型経済社会における競争政策を考える懇談会」だが、省内では「グーグル勉強会」と呼ばれていた。PFのデータ戦略に何かくさびが打てないか、競争法や競争政策の専門家から話を聞くのが目的だった。

発案したのは、当時、同局担当の審議官だった平井裕秀（現・商務情報政策局長）。「このままでは、データというデータは全部彼らに持っていかれてしまう」との危機感からだったという。

だが、この勉強会は対外的にはその存在を明らかにしていなかった。GAFA対策を講じようとしていることが表に出れば、どんな横やりが入るかわからないからだ。特に警戒していたのが、米国政府の圧力だ。ある経産省の幹部は、「少しでも米国の国益を損なうような措置を検討しているとわかれば、USTR（通商代表部）から問い合わせが入る」と明かす。総務省が気にしていた米国の「介入」は、もちろん経産省でも悩みの種だった。

この時も、省内の誰が口を滑らせたのか、『読売新聞』が朝刊で、この「グーグル勉強会」のことを報じた。[10] それほど目立つ記事ではない。政治面の、話題もの風に書かれた、いわゆる「囲み記事」である。それでも、米国は見逃さなかった。その日の夜、平井は部下からの電話を受けて慌てた。「もうグーグルが動いてます！　USTRがワシントンの日本大使館に……」。ワシントンはまだ早朝である。グーグルの渉外担当の動きの速さ、そして米国政府と事業者との距離の近さに、平井は改めて舌を巻いた。「経産省では、どのような検討をしているのか。まさか米国の企業を排斥しようとしているのでは」と言っているという。グーグル側の担当者はその直後に担当課を訪れ、牽制して帰っていった。

この一件で出鼻をくじかれたわけではない、と平井は言うが、勉強会は尻すぼみとなり、平井が15年7月に異動すると、いったん動きは止まってしまった。「いくら専門家に話を聞いても、なかなかこれという打開策が見つからなかったことが最大の敗因」と平井は振り返る。特に、独禁法の専門家の多くは、「プラットフォームは無料のサービスを提供しているので、従来の考え方では市場画定が難しい」などと消極的な見解ばかりを繰り返すのだった。

だが、平井は異動の際、担当職員たちに「あれは、なんとか続けてやってくれ」と念を押すのを忘れなかった。「なんとかしないと、まずいからな」。

後を託された後輩たちが「グーグル勉強会」を発展させる形で発足させたのが、「横断的制度研」だったのだ。

「犬」と「猿」が手を組む

設置されたのは、経産省の所管する審議会、産業構造審議会の下にある新産業構造部会のさらに下。研究会の存在自体は隠していたわけではないが、会議は傍聴できず、初回に配られた「開催趣旨」にも、「プラットフォーム」の文字は見当たらない。それでもそこには「有力な特定の事業者に取引とデータが集中してしまう可能性がある」との問題意識が記載されていた。ターゲットはたしかにPFだった。

メンバーには、「競争政策」「知的財産権」「プライバシー」の3分野で活躍する16人の専門家が招聘された。この中には、12年のヤフーメール問題で「一国二制度」の現実を思い知らされて以降、危機感を募らせていた弁護士の森亮二の姿もあった。

委員に呼ばれた森がまず感じたのは「ようやく始まったか」という安堵感だったという。森はそれまで、あちこちで「プラットフォーム問題こそ、日本が一刻も早く対処すべき論点だ」と唱えてきたが、なかなか取り合ってもらえずにきた。12年には経産省の非公式の検討会で議題として上げたものの、なぜか報告書などの成果物には盛り込まれなかった。私的な勉強会のテーマとして提案しながら却下されたこともあった。それだけに、研究会開始の知らせは朗報だったのだ。森は「まずは公式な舞台で、事実関係と問題意識が明らかにされることが重要。いったん明らかにされれば、あとは転がるように政策的な検討が進むはずだ」と見ていた。

この研究会では、プラットフォームビジネスの特徴、独禁法を適用する上での課題などが幅広く議論されたが、最も大きな成果は、アプリ事業者などへのヒアリング調査を通じて、グーグルやアップルの取引実態にメスを入れたことだろう。

そしてこの調査は、横断的制度研にオブザーバーとして参加した公取委と、経産省が共同で実施した、という点に重い意味があった。霞が関界隈にはちょっとした驚きが広がった。経産省と公取委が犬猿の仲であることは長年にわたる公然の秘密だったからだ。

実は、この研究会が開始される数ヵ月前、公取委委員長の杉本は、ひそかに当時の経産省事務次官、菅原郁郎（64歳）と面談している。

杉本からの申し入れだった。杉本は当時、公取委事務総長だった中島秀夫（65歳）を呼び、「菅原さんと話をしたいからセッティングしてほしい」と頼んでいる。それまでの公取委と経産省の関係を考えれば、トップが公式の立場で会談するというのは極めて異例のことだった。何しろ、「担当課レベルでは職員がお互い口もきかないほどの険悪な関係」（経産省）が長く続いてきたのだ。

会談は霞が関近くの日本料理屋で行われた。「検索エンジンからSNSから、通販サイトから。何から何まで、海外事業者にやられちゃってますよ。どうしてこうなっちゃったんでしょう」と杉本は問いかけた。菅原も全く同じ思いだった。「このままでは全部、米国に持っていかれます」。二人は情意投合して飲んだ。「公取委が目指すものと経産省が目指すものは違わないはず。手を取り合ってやりましょう」と協力を呼びかける杉本に、菅原は「過去のしがらみを捨てて、一緒にやれる人が現れてくれた」と感じたという。

明らかになってきた事実

この会談後、中島は菅原らと話し合いを進め、横断的制度研への公取委の参加と、共同調査の実施を決めた。

「実態把握が急務なことは公取委も経産省も痛感していた」。調整に駆け回った中島は振り返る。「事業者と日頃から近い関係を築いている経産省と、いざとなれば独禁法で対応できる公取委がタッグを組むことで、少しでも実態に迫れるはずだと考えた」。

ヒアリングは16年2月から、主にゲームなどのアプリ事業者などを中心に行われた。

スマホでアプリをインストールする場合、アイフォンなら必ずアップルの運営するApp Store、アンドロイドOSを搭載した端末ならほとんどの場合グーグルの運営するGoogle Playを利用する。つまりスマホアプリで事業をしようと思えば、アップルとグーグルにその命運を握られているということになる。事業者の間では「手数料が高すぎる」「ルールが突然一方的に変更される」などの不満がくすぶっていたが、「報復」を恐れて固く口を閉ざしてきた。このヒアリング調査でも、「『詳細は話したくても話せない』という事業者が多くて、作業は難渋した」（経産省幹部）と言うが、それでも初めてその取引の一端が政府側に伝えられた意味は大きかった。

「App Store の場合、アプリの販売価格やアプリ内課金を含めた売り上げの約30％を『アップル税』としてアップルに支払わなければならない（2年目以降は15％）」「アプリ外での決済は禁止、違反すればアプリストアから排除されてしまう」——回答からは、PFとアプリ事業者の力の差が歪んだ関係を生み出していることが見てとれた。このヒアリングはその後、年を追うごとに対象企業数を増やし、その回答内容も詳細になっていく。

そして、何より大きかったのは、国の成長戦略に初めて、PF問題への「懸念」を盛り込むことに成功した点だろう。

16年6月の日本再興戦略２０１６は、「第四次産業革命」について、「ＩｏＴ（Internet of Things）、ビッグデータ、人工知能、ロボット・センサーの技術的ブレークスルーを活用する」「今後の生産性革命を主導する最大の鍵」と記した上で、下記のように海外ＰＦへのむき出しの危機感を煽っている。

〈「第四次産業革命」は、社会的課題を解決し、消費者の潜在的ニーズを呼び起こす、新たなビジネスを創出する。一方で、既存の社会システム、産業構造、就業構造を一変させる可能性がある。既存の枠組みを果敢に転換して、世界に先駆けて社会課題を解決するビジネスを生み出すのか。それとも、これまでの延長線上で、海外のプラットフォームの下請けとなるのか〉（傍点は引用者）

森が指摘したように、事実関係と問題意識が明らかになり、社会に共有されたことで、事態は少しずつ動いていった。

データの価値に注目した競争政策へ

これが公取委への刺激になったのか、17年1月、ちょうど経産省が、横断的制度研を引き継ぐ形で「第四次産業革命に向けた競争政策の在り方に関する研究会（以下、競争政策の在り方研）」をスタートさせたのと同じ月、公取委の競争政策研究センターで「データと競争政策に関する検討会」が始まった。6月にまとめられた報告書は、公取委の伝統的な考え方から大きく一歩を踏み出したものだった。データに金銭と同様の経済的価値があることを正面から認め、検索やSNSのような無料のサービスも独禁法の適用対象であり、データの不当な収集や囲い込みは問題になりうる、との見解をまとめたのだ。

これは画期的なことだった。経産省の平井らが、14年から「グーグル勉強会」で独禁法の専門家などを招いて、対策の糸口を探していた頃、並み居る独禁法の権威たちは「法適用は難しい」と口をそろえていた。その頃に比べると隔世の感がある。

プラットフォームのビジネスの特徴は、「両面市場」（あるいは「多面市場」）と呼ばれる、通常とは構造の異なる市場で展開される点だ。

例えば、グーグルのような検索エンジンやFBのようなSNSの場合、一方には検索やSNSサービスのユーザーが、もう一方に広告主が位置する。ユーザーに無料でサービスを提供することで、ユーザーのデータを収集し、これを使って、個々のユーザーに最適化したターゲティング広告を配信することで、広告主から広告料を得ている。

やっかいなのが、法執行で重視される「市場支配力」はこれまで、主にその企業がどれだけ「価格をつり上げる能力を持っているか」で測ってきたことだ。費用と価格の対応関係が不明確な無料サービスをどう扱うかは、これまでの古い理論だけで対応するのは難しかった。

データと競争政策に関する検討会の報告書ではこれを、「無料市場」という、両面市場を構成する一つの市場として画定することが可能であると指摘している。無料のサービスであっても、プラットフォーム間ではサービス内容や個人情報の保護水準などの「品質」に基づく競争はあり、それならこれは「無料市場」という一つの市場であり、独禁法の適用対象となりうるのだという考え方だ。

「従来、『取引とは金銭を媒介にしたもの』と考えられ、公取委の関心も価格カルテルなどの摘発に集中していた。だがこうした古い考え方だけではデータ時代の新たな課題には対応できない。これからはデータの価値に着目した、新しい競争政策が必要だと思った」。当時、委員長だった杉本は、この検討会に強い思い入れをもっていた。

データを使うビジネスでは「ネットワーク効果」が強烈に働きやすく、寡占が進みやすいことはよく知られている。ネットワーク効果とは、ある人がネットワークに加入することによって他の加入者の利便性などの効用が高まる効果のことで、直接的ネットワーク効果と間接的ネットワーク効果に分けられる。前者は、例えば電話の場合、加入者が多ければ多いほど、誰とでも通話ができるようになって加入者全員の便益が高まるような効果をいう。後者は、よくゲーム機とその補完財であるゲームソフトで例えられる。あるゲーム機で使えるソフトが多いほど、そのゲーム機に対するユーザーの便益が高まる、というような効果である。

データを活用するプラットフォームビジネスの場合、この二つのネットワーク効果が両面市場をつないで螺旋階段をぐるぐる上がっていくように高まっていく。オンライン広告市場と検索やSNSサービスの無料市場を持つグーグルやFBを例にすればわかりやすいだろう。経済協力開発機構（OECD）競争委員会が16年に公表した「BIG DATA: BRINGING COMPETITION POLICY TO THE DIGITAL ERA」の中でも、「データ駆動型ネットワーク効果は二つのフィードバック・ループからなる」と説明されている。一つがユーザーフィードバックループで、「ユーザーからデータ収集」→「サービスの質を向上（アルゴリズムの改善等）」→「新たなユーザーを獲得」。これは直接ネットワーク効果に当たるだろう。さらに「収益化フィードバックループ」があり、「ユーザーからデータを収集」→「ターゲティング広告の精度を向上（サービスの収益化）」→「サービス向上のための投資」→「新たなユーザーを獲得」。こちらは間接ネットワーク効果だ。こうしてサービスはどんどん便利になり、ユーザーデータが増え、AIはさらに賢くなり、さらにサービスは便利になり、そしてユーザーはその心地よいサービスから離れられなくなるという「ロックイン効果」も生じるのである。

このように、PFは今や、ユーザーに対して強力な影響力を持つに至った。報告書には、強い立場を利用して相手に不利な取引を強いる独禁法上の「優越的地位の濫用」を、PFと消費者との間でも適用しうるのではないかという考え方も盛り込まれていた。この規定は従来、企業間取引で適用されていたもので、それを事業者と個人の関係にも適用しうるという考えは、研究者の間では驚きをもって迎えられた。報告書の公表から2年以上を経た19年12月には、この時の考え方は正式に公取委の「デジタル・プラットフォーム事業者と個人情報等を提供する消費者との取引における優越的地位の濫用に関する独占禁止法上の考え方」としてまとめられることになる。

杉本は後にこう振り返っている。「検索やSNSが無料で使えると言ったって、その代わりに消費者は自分のデータを事業者に提供し、事業者はこのデータをもとに広告ビジネスを成立させて収入を得ている。それは取引と言えるはずだ」。そして、「個人の情報がどう扱われているかは、取引される財の品質に関わる問題だ。個人の情報がないがしろにされるとすれば、消費者に対する搾取として、優越的地位の濫用を基礎づける事実になる」。

杉本はこの報告書に満足だった。すぐに英文に訳し海外に発表するように指示している。

公取委はなぜ強い処分を下せないのか

検討会の傍ら、公取委の現場も少しずつ動き出していた。15年にはアップルを念頭に、スマホの販売慣行是正に向けたガイドラインを作成、さらには16年8月、アマゾンジャパンに立ち入り調査も実施した。アマゾンが出品事業者に対し、競合サイトと同等かそれより有利な条件で出品するよう求めていた「最恵待遇条項」を問題視したものだった。もっとも、アマゾン側が自主改善策を申告したことを受け、調査は打ち切られている。この後もアマゾンに対して再三、調査に入るが、その都度違反は認定されないまま打ち切られていた。

海外事業者に甘いのではないか——。こうした批判に対し、杉本は「重要なのは行政処分を出すことではなく、競争環境を迅速に回復することだ」と反論する。

たしかに、独禁法は「非常に重い法律」（杉本）である。違反事実が認められれば排除措置命令や課徴金納付命令などが出されるが、事実認定や評価には大変な手間と時間がかかる。

杉本が委員長時代に導入した「確約手続」は、こうした問題をカバーする役割が期待されていた。確約手続とは、違反の疑いのある行為について、事業者が自主的な是正措置を実施する旨を「確約」する「確約計画」を作成し、公取委がこれを認めれば違反としない、というものである。早期是正が可能になるため、デジタル市場のように、猛烈な勢いで寡占が進み、いったん大きくなれば手がつけられなくなる事態に対処するには有効な手段とされ、EUでも「コミットメント」と呼ばれる同種のスキームが多用されている（日本の確約手続にはEUのそれに比べ大きな弱点があるが、それについては11章で述べたい）。

ただ、意地の悪い見方をすれば、日本の公取委には、こうしたソフトな手法を選択せざるを得ない事情、すなわち、強い行政処分に踏み切るだけのノウハウや体制を持ち合わせていない、という側面があるのも事実だろう。

ITと経済学の高度な知見を持つ膨大なスタッフ、そして豊富な資金力を抱える巨大PFは、調査を受ければ詳細なデータ分析資料を出して反論する。実際、EUでも欧州委員会の競争当局DG COMPの法執行に対して、PF側は世界の最先端を走る経済学者や大規模弁護団からなる体制で応じ、訴訟は長期化していた。

公取委には、談合事件の摘発について経験を積んだ人材はいても、最新の経済理論に基づいたデータ分析ができる人材はほとんどいなかった。16年4月には経済学の知見を持つ職員を集めた「経済分析チーム」を作ったが、その数は10人前後で推移している（20年時点で12人）。しかも、経済学の博士号を持つ職員は年によって異なるが、1人か2人である。「エコノミスト」と呼ばれる博士号取得者は、DG COMPには約30人、米国では連邦取引委員会に約80人、司法省にも50人以上いるにもかかわらず、である。

公取委も外部から任期つきエコノミストを募集しているが、なかなか応募がなく、空席が続いている。公務員の給与水準の問題もあるが、競争当局での経験が大学や研究機関に戻って評価されるといったメリットがないことも影響しているのだろう。欧州では、DG COMPのエコノミストの座は憧れの的だ。新進気鋭の経済学者がここで最先端の経済分析を行って法執行に協力し、巨大PFと闘った経験をひっさげて再び研究の世界で活躍するのである。だが、法執行がなされなければ、いくら在籍しても貴重な経験に結びつくこともなく、魅力的な経歴にはなりえなかった。

縦割の隙

松田洋平が経産省商務情報政策局の情報経済課に課長として着任したのは17年7月。さわやかな容貌とは裏腹に「豪胆」「やり手」との評価の高い松田がこのポストに就いてから、プラットフォーム規制は一気に現実味のあるものとして動き始めた。

情報経済課は、小所帯ながら注目度の高い部署である。ITにまつわる経済環境の整備を所掌とし、AI、IoT、ビッグデータ、DX（デジタル・トランスフォーメーション）、自動運転、スマートメーター……といった、旬の案件を扱っている。松田も着任早々、そうした派手なIT産業振興を扱う研究会を5~6件こなすことになるが、内示を受けた時から「これだけは必ずやろう」と決めていたのがプラットフォーム問題だった。

松田がこの問題を意識するようになったのは、10年7月、日本のヤフーがグーグルの検索エンジンを採用すると発表して物議を醸した時のことだ。8章で紹介したように、ヤフーがグーグルの検索エンジンを使えば、日本語での検索エンジン市場は9割以上をグーグルが占めることになるが、公取委が調査の末「問題なし」との結論を出した件である。

「『え？　それって、いいの？』とびっくりしましたね」。当時、松田は情報経済課の課長補佐だった。スマートメーターのルール整備などIT分野の産業振興が担当で、競争政策は門外漢。それでも、横で見ていてどうしても納得がいかなかったという。

ちょうどその頃、中小企業やベンチャー企業など数社からグーグル検索について相談を受けていたからなおさらだったのかもしれない。彼らは口々に「何の前触れもなく検索のアルゴリズムが変わり、表示順位が急に上下して慌ててしまう」「自社サイトが上位に表示されるかどうかは企業にとって死活問題。なんとかならないのか」と訴えていたのだ。「検索エンジンはデジタルの世界への入口。その道に優先順位をつける力はとてつもなく大きい。それをたった1社に委ねることになって、いいのだろうか」。松田が感じたその違和感は、その後の7年間もずっとくすぶり続けた。

16年9月に報告書をまとめた「横断的制度研」と、17年6月に報告書をまとめた「競争政策の在り方研」はいずれも経済産業政策局が事務局を務めていた。松田の情報経済課は商務情報政策局だが、「続きは自分が引き取る」と決めていた。ここまでの研究会で、現状は把握され、問題意識も深まってはいたが、松田は「今のままでは出口がない。早く政策としてまとめ上げる必要がある」と感じていたという。つまり、実効性のある規制を導入しなければ意味がない、と考えていたということだろう。

松田の座右の書は、現実主義の論客として知られる国際政治学者、高坂正堯の名著『海洋国家日本の構想』だという。日本の地政学的な立ち位置を考えながら、いかに国際社会で存在感を発揮していくか、強い国にしていくか、を模索してきた。その目には、日本政府の対応は、世界と比べてあまりに遅れ、長期的戦略に欠けているように見えた。「一つには、霞が関の縦割りに原因があるのではないか」。プラットフォームをめぐる論点は、競争政策やプライバシーなど多岐にわたり、関係する省庁も経産省、総務省、公取委、個情委、消費者庁と多い。PFはその連携の悪さを逆手にとっているように松田には思えた。

「経産省に厳しいことを言われると総務省に泣きつき、総務省に何かされそうになると経産省に泣きつく。すると経産省と総務省は互いに足をひっぱりあって、結局、政策は進まない。政府全体として取り組まないと対抗できない」

まずは、公取委と総務省と連携したい。とはいえ、経産省、ことに商務情報政策局と公取委は長年の因縁の仲である。総務省とも、所管をめぐる激しい対立の歴史がある。松田は当時の上司、商務情報政策局長の寺澤達也（60歳）に相談した。

寺澤の反応は、拍子抜けするほど早く、率直だった。「そうだな。よし、すぐ公取委と総務省に話しに行こう」。

「VAN戦争」——通産vs.郵政の教訓

松田から相談を受けた頃、寺澤は東芝メモリ売却問題で東奔西走していた。東芝本体の債務超過を解消するため、虎の子の子会社である東芝メモリの売却を目指したものの、売却先が二転三転して迷走していた頃だ。17年7月に商務情報政策局長に着任した直後から寺澤も「参戦」し、最終的に韓国の半導体メーカー、SKハイニックスを含む「日米韓連合」に落ち着くが、その間、寺澤はずっと「日本はなぜここまで追い込まれてしまったのか」との思いを拭えなかった。

今や様々な電子機器に不可欠となった記憶媒体「フラッシュメモリー」は、もともと80年代に東芝が生み出した「日本の技術」だった。それが、市場開拓のために技術供与した韓国のサムスン電子に「庇《ひさし》を貸して母屋《おもや》を取られる」形でトップシェアを奪われ、ついに「身売り」しなければいけない状態にまで落ちぶれていたのだ。

寺澤は84年に当時の通産省に入省し、今の商務情報政策局に当たる機械情報産業局に配属された。電子機械産業の振興を担当する部局で「電子立国日本」の華やかな一時代を目にしたわけだが、その後、様々な部署を経て約30年ぶりに戻ってきてみて、改めてその凋落ぶりに愕然としたのだ。

だが、「何が日本のIT産業をこうしたのか」と考えると、心穏やかではいられなかった。「原因のすべてとは言わないが、省庁間の縄張り争いが足をひっぱったのは間違いない」。自省の思いで寺澤は打ち明ける。

寺澤の入省した当時は、まだ通産省と郵政省の「VAN戦争」の傷跡が生々しく残っている頃だった。VAN（Value-Added Network：付加価値通信網）とは、様々なデータ処理機能を付加したデータ通信サービスだ。70年代に米国で登場し、日本でも通信の自由化を前に魅力的な事業として脚光を浴びた。今ではインターネットに取って代わられ、耳にすることも少ないが、当時は、その所管をめぐって通産、郵政両省が猛烈な権限争いを繰り広げたのである。情報処理と通信処理が融合したサービスは、通産省から見れば「情報処理」、郵政省から見れば「通信処理」になり、互いが自分の所管だと主張して譲らなかった。このため「VAN戦争」と呼ばれるが、要は、高度情報社会に向けた政策の主導権をどちらの役所が握るかの闘いだった。

VANについては3年にわたる争いの末に郵政省に軍配が上がったが、情報処理か通信処理かをめぐる争いは、その後も第二次VAN戦争、第三次VAN戦争と続き、「100年戦争」などとも言われるようになる。

「今考えれば、本当にばからしいことだが、入省したばかりだから、その雰囲気にすっかり染まってしまった」。例えば、郵政省が地方都市の情報通信機能を高める施策として「テレトピア構想」を打ち出せば、通産省は「ニューメディア・コミュニティ構想」を掲げて対抗する。どちらもほぼ同じ内容だった。通産省が「高度情報化社会」と言えば、郵政省は「化」なしの「高度情報社会」と呼ぶ。経済企画庁のまとめた報告書に「化」を入れる、入れないで大騒動だったという。

「データ時代の新しい産業政策を進めていく大事な場面で、無駄にリソースを費やしてしまった。総務省と経産省で1＋1を3にしなきゃいけなかったのに、1＋1がゼロにしかならなかった」。特に悔やんでいるのは、互いに隣の官庁が何をするのかに神経を集中させるあまり、「大事なものへの感度が鈍っていた」こと。米国、そして中国の動きへの目配りができず、大きな流れを見誤ってきたのではないか――と。

「このままでは後世に言い訳ができない」。こう考えていたところに、飛び込んできたのが松田の相談だった。「すぐ公取委と総務省に話しに行こう」と即答したのには、寺澤なりの思いがあったのである。

「泰平の眠り」から覚める時

寺澤と松田がまず出向いたのは公取委だった。寺澤は86年から2年間、公取委に出向しており、公取委事務総長の山田昭典（現・国民生活センター理事長）とは出向中から面識があった。経済取引局長の菅久修一（現・公取委事務総長）とも私的な勉強会で定期的に顔を合わせていて、気心が知れているという思いがあった。

もっとも、山田と菅久には最初から諸手を挙げて歓迎されたというわけでもなかったようだ。どちらも「我々も非常に重要な問題だと認識している。関心をもって勉強したい」とは言うが、やや硬い感触と寺澤は感じた。

寺澤は、それも無理はないと思っていた。今度、目指そうとしているのは、規制の導入だ。これまでのような研究や調査より一段も二段もハードルは上がる。公取委が、経産省は本当に信頼していいのか、と考えたとしても不思議はなかった。経産省は公取委とも対立してきた歴史を持つ。産業界の要望を受けて、公取委の権限強化にことごとく反対してきたのも経産省である。だが、「経産省はしっかりやります。公取委の力が必要です」と口説いた。

寺澤はさらに、個人的に面識のあった杉本とも面談する。こちらの反応は予想通り、熱かった。既に15年の段階で、経産次官の菅原とひそかに共闘の約束を交わしていた杉本である。逆に「この問題は公取委だけでやるのは荷が重い。経産省は本気でやってくれるんですか」と迫ってきた。相手は強敵で、米国政府も介入してくるかもしれない。しかも公取委にはテクノロジー分野での法執行の経験は乏しい。経産省よ、途中ではしごを外したりするなよ――と、言いたかったのだろう。

寺澤らは、総務省では幕末の黒船到来の話を持ち出して協力を呼びかけた。「泰平の眠り

を覚ます上喜撰 たつた四杯で夜も寝られず」。宇治茶の「上喜撰」に黒船の「蒸気船」をかけた幕末の狂歌である。「4社の黒船が到来した時に今さら、総務藩、経産藩なんて言っている場合じゃない」。無論、総務省にも異論はなかった。

箝口令の敷かれた検討会

こうして、その年の12月、経産省と公取委の共催、総務省のオブザーバー参加で「デジタルプラットフォーマーを巡る法的論点に関する検討会」が始まった。検討会は、議事を非公開とするのみならず、設置の事実さえ秘していた。GAFA、そして米国政府を刺激しないために、話がまとまるまでは極秘裏に進めようと、委員にもきつく箝口令を敷いたのだ。

検討の射程は大きく二つ。一つは、PFの競争制限的な行為について独禁法によってどう対応可能かを検討すること。もう一つは、それ以外の消費者関係法や著作権法、税法、各種の業法などが抱える様々な課題を洗い出し、将来の法制度整備への手がかりを探る、というものだった。このため、メンバーも各分野で活躍する一線級の人材をそろえた。競争政策が専門の大橋弘・東京大教授を座長に、消費者法の第一人者で、当時は独立行政法人国民生活センター理事長だった松本恒雄・一橋大名誉教授、行政法の中川丈久・神戸大教授、独禁法の伊永大輔・都立大教授、情報学が専門で海外の動向に詳しい生貝直人・一橋大准教授。実務家としては個情法やプライバシー、電気通信分野に詳しい森亮二のほか、フィンテックなど金融分野が強い飯島隆博、独禁法が専門の帰山雄介、多田敏明、公取委での勤務経験もある池田毅らの各弁護士。ICT分野の動向や技術に詳しい株式会社インターネットイニシアティブ技術主幹の三膳孝道も参加した。

様々な法的課題が議論されたが、ここでは特に重要だと思われる二点だけ振り返りたい。一つは、「一国二制度」が、初めて本格的に真正面から取り上げられたことである。これまで多くの事業者が煮え湯を飲まされ、森も過去の検討会で何度も指摘してきたこの問題は、なぜか報告書がまとめられる段階で消えてしまった。だが、今回は違った。解決すべき課題の大きな柱の一つに据えられたのである。

18年1月に開かれた第3回会合には、かつてヤフーメールとGメールの「一国二制度問題」で対応に追われたヤフーの執行役員、別所直哉も、ゲストとして参加している。もちろん実態を訴えるためである。別所は、これまで国内事業者が苦しんできた実例を、これでもか、これでもかと列挙していった。

まず言及したのが、12年のヤフーメールの一件だった。

「ライバルのグーグルは長年メール内容を解析して広告を配信していたのに、我々が同じことをやろうとしたら、ちょっと待てと言われる。なぜグーグルはいいのかと問えば、日本法が適用されないからだ、と……」「インターネットサービスは容易に国境を越える。だから一国二制度問題は頻繁に起こりうるんです」

実際に数々の「一国二制度問題」に直面し、闘ってきた別所の言葉には説得力があった。

ヤフー別所の訴えたこと

12年当時、ヤフーが発表した計画に対し、川端総務大臣が「待て」をかけてからの約2ヵ月間、別所をはじめとするヤフーの担当者は10回以上、総務省に足を運んだという。

1章でも触れたように、最終的に総務省としては「通信の秘密の侵害」を正当化する要件として、従来の解釈からすればかなり甘い形でGOサインを出している。それでも、当初は相当なやりとりがあったようだ。

「メール送信のたびに、メール内容を解析している旨を表示すること」を要求する総務省側に、別所らは「そんなことをしたら、誰もサービスを使わなくなる」と激しく抵抗し、交渉は平行線が続いた。総務省も外部の有識者に相談しながら理論武装し、要件を提示してくる。利用者への説明文の文言から、その文字の大きさまで、細かく注文をつけられたという。

そのたびに別所は「じゃあ、こちらに言うのと同じことを、グーグルにもさせてほしい。同じルールなら、それでいい」と迫ったという。そう言われた時の総務省の担当者の表情は、苦しそうに見えた。「グーグルと同じルールに」という要求は、彼らにとっても一番痛いところだった。

総務省も、グーグルに対し何もしなかったわけではなかったのだ。グーグルが日本でメールサービスを開始した後、電気通信事業者として届け出るよう求めていたが、グーグルからは「国内にサーバがないので、必要がない」とつっぱねられていた。それでも、地道な調査で、グーグルが国内で利用しているサーバを見つけ出した職員もいた。だが、グーグルは、「それはユーチューブ用のサーバで、Gメールのサーバではない」と回答してきたという。電気通信事業法で届出が必要な電気通信事業者は、通信を「媒介」する事業者なので、動画配信を手がけるだけではこれに該当しないのだ。

最終的に、条件つきで了承することが決まった後の9月19日。閣議後の記者会見で、方針を説明した川端総務大臣は最後に、こう付け足した。「同様のサービスを提供する電気通信事業者がある場合には、少なくとも本件と同様の対応が必要であると考えられます。海外事業者であっても、我が国の利用者を対象に提供する場合には、同様の対応を自主的にとっていただくことが望まれるということでございます」。

しかし、法律で縛られてもいない彼らが、自主的に対応すると思ったのだろうか。

「域外適用」の流れ

この検討会と前後する時期には、域外適用を可能とする法令は少しずつだが増え始めていた。インターネットを介した取引で様々な問題が発生する中、行政の各分野で対応に窮した担当者が必要に迫られ、解釈変更や法改正に踏み切っていったというのが実情である。

例えば、経産省所管の製品安全関係法（消費生活用製品安全法など4法）。欠陥や用法の誤りが消費者の生命にも関わるような製品について、製造や販売を規制する法律だが、通販サイトに海外事業者の出品が増える中、規制が域外適用できるか否かは大きな問題になっていた。

よく例に挙げられるのがレーザーポインターだ。高出力のレーザーが目に当たれば視力低下や失明の恐れもあるため、経産省は安全基準を設けている。回収命令などに従わなければ個人に対し最高1年の懲役や同100万円の罰金、法人には同1億円の罰金を科すこともできる。だが、適用されるのは国内の輸入業者やメーカーばかり。実際には、通販サイトには中国などの海外事業者が出品した、基準の数十倍から数百倍を超える違法製品が後を絶たなかったのである。

「海外事業者に適用できるのだろうか」と悩む担当者から相談を受けた森は、域外適用が可能となっている特定商取引法の事例などを伝えた。このアドバイスもあってか、経産省は17

年8月、有識者会議「インターネット取引における製品安全の確保に関する検討会」での検討を経て、報告書で域外適用が可能であるとの解釈を明確化した。

やはり森が委員として参加した消費者委員会の「オンラインプラットフォームにおける取引の在り方に関する専門調査会」でも、19年4月に公表した報告書に控えめながら「海外事業者への対応」を検討していく旨が盛り込まれた。「消費者保護に関する公法の在り方についても、今後必要に応じて検討していくことが重要である」とした上で、脚注にではあるが、「海外事業者への公法の適用（いわゆる域外適用）に係る参考資料としては、インターネット取引における製品安全の確保に関する検討会報告書等がある」と記している。

これらの検討会において、森が一国二制度問題における「優等生」としてしばしば引き合いに出したのが、個情法である。

個情法では、15年改正で、外国事業者であっても、日本国内にいる利用者にサービスを提供して得た個人情報を扱う場合には適用対象とする旨の条文が入っている。15年改正をめぐっては、13年9月からの内閣官房の有識者会議「パーソナルデータに関する検討会」で多岐にわたる論点について激しい議論が展開されたことは6章で述べた。だが、こと域外適用についてはほぼ異論はなく、スムーズに導入が決まっている。データ関係の専門家の間では、この時点で既に、域外適用が必要であることは共通認識となっていたのだ。

これは、12年1月にEUが規則案を公表していたGDPR（一般データ保護規則）の「功績」が大きい。欧州委員会は、違反すれば「最大で世界の売上高の4％または2000万ユーロのどちらか多いほう」を制裁金として科すというこの厳しい罰則を、EU域内で物品・サービスを提供する事業者が個人情報を扱う場合には、たとえ地球の裏側にいる事業者であっても適用する。そう思えば、日本が海外事業者に法令を適用するのはしごく当然のことに思えた。ちなみに、GDPRが成立する前のEUデータ保護指令の段階でも、一定の条件で域外適用を可能とする条文はあった。ただ、GDPRの罰則があまりに重く、衝撃的な内容だったため、多くの人が知ることになったのである。

だが、域外適用が可能かどうか、また適用可能だとして執行のための外国との協力体制が整っているかは、この検討会が開かれた時点で、各法令ばらばらで統一的な見解もなかった。

独禁法は域外適用の規定は明文化されていないが、実際には適用され、外国当局との執行協力についての規定もある。資金決済法は、域外適用の規定があるが、執行協力の規定はなし。特定商取引法や景品表示法は域外適用の規定はないものの、解釈では可能と整理されたが、執行協力の明記はない。個情法や金融商品取引法は域外適用も執行協力についても規定が明記されている。

「各省がバラバラと場当たり的に見直していては、時間ばかりかかってしまう。どこかで統一した解釈をまとめてほしい」と別所は訴えるのだった。

ヤフーがユーチューブに勝てなかった理由

この時、別所は、法律が時代の変化に迅速に対応できず、結果として国内事業者の足だけ縛り、海外事業者との競争で不利を強いられてきたことも指摘している。

例えば、ヤフーが07年4月にスタートしながら、わずか2年で撤退した動画共有サービス「ヤフー!ビデオキャスト」。別所によれば、著作権法上、侵害動画が公開された場合の事業者の免責規定がはっきりせず、リスクが大きすぎると判断したことが撤退の背景にあったという。

撤退の前年には日本音楽著作権協会（JASRAC）が動画共有サイト「TVブレイク」の運営会社に1億2800万円の損害賠償を求めて提訴（その後、知財高裁で9000万円の賠償が確定）するなど、違法コンテンツを放置した運営会社が責任を問われる事態も起きていた。ヤフーでは、サイト内のパトロール体制を強化し、少しでも違法性が疑われるものを次々と削除していった。体制強化のためのコストも大変だったが、むしろ、少しでも怪しいものをどんどん削除していった結果、面白みのないコンテンツばかりになって活気が失われていったことが痛かったという。

一方、グーグルが従っているのは日本の著作権法ではなく、米国のデジタルミレニアム著作権法（DMCA）だ。DMCAでは指摘を受けてから削除すれば免責になるため、基本的には指摘されるまでは放置することが可能である。優等生のコンテンツばかりのヤフー！ビデオキャストよりも、「コンテンツに活気があった」と別所は言う。

グーグルがユーチューブを買収したのは06年、ヤフー！ビデオキャストの開始は07年だ。「わずか1年の差だった。ハンデさえなければヤフーも十分闘えたのではないか」。別所は悔しさを捨てきれなかった。

さらには、10年に著作権法が改正されるまで、グーグルと同じような「ロボット型」の検索エンジンを手がけたくても手がけられなかったことも触れた。ロボット型では、クローラーと呼ばれるソフトウェアがインターネット上のウェブサイトを巡回してコピーし、アーカイブを作る。また、検索結果を表示する場合にはスニペットと呼ばれる説明文を表示するが、これもウェブページの中の文章をコピーすることになる。著作権法では著作権者の許諾を得ずにコピーすれば違法になるが、インターネット上の無数のページでそれをするのは不可能だ。一方で、米国では公正な利用であると判断できれば適法な利用とみなす「フェアユース」という規定があった。

8章で、ヤフーは人の目で見て一つ一つ分類する「ディレクトリ型」の検索エンジンを採用し、「ロボット型」の独自エンジンを持たなかったことに触れたが、たとえ開発したくてもしようがない事情があったわけだ。別所は「もちろん、著作権法のせいで日本からグーグルが生まれなかったというつもりはないが、足をひっぱった面はあったのではないか」と話す。

別所はヤフー時代、こうした理不尽な規定について一つ一つ、霞が関や永田町に働きかけて改善を求めてきた。法改正に結びついたものもある。だが、検索サービスのための複製を適法化するための著作権法改正に5年、1章でも触れた消費税の二重価格問題では消費税法改正まで3年の歳月を要した。

別所が一国二制度問題を訴えるようになって、いったい何回こうした話をしてきたことだろう。だが、18年1月のこの法的論点検討会では、これまでにない強い手応えがあった。

取引透明化法の原型

法的論点検討会では、もう一つ、大きな収穫があった。EUで検討を進めていたオンラインプラットフォーム規制の情報が、委員からもたらされたことだった。

この時点ではまだ正式に公表されていなかったが、EUでは、PFに契約条件を明確化させたり、苦情処理やモニタリングの枠組みを作ったりすることで、サービスの公正性や透明性を促進する規則を検討している、という。要は、EUでも競争法の執行はハードルが高いため、それとは別な事前規制によって公正な競争を確保するという狙いである。

「日本の下請法に似ている。これなら日本でもいけるんじゃないか」。寺澤も松田も、直感的に、これだ、と感じたという。

下請法（下請代金支払遅延等防止法）は独禁法の補完法で、下請事業者に対する親事業者の不当な取り扱い、つまりは「下請けいじめ」を規制する特別法だ。親事業者に対して、取引内容を具体的に記載した書面を交付することを求めており、公正性や透明性の担保を目指している点でEUの規則案と似ていた。また、公取委と経産省の外局である中小企業庁が共同で定期的に書面調査や立入検査を行っている点も、EU規則案のモニタリング機能に似ていた。

寺澤も松田も中小企業庁に在籍した経験があり、下請法の「使い勝手」もわかっていた。本体の独禁法は事実認定のハードルが高くてなかなか執行できなくても、「プラットフォーム版の下請法なら、うまくいくのではないか」。

EUのこの規則案はこの後、18年4月に「オンライン仲介サービスのビジネスユーザーにとっての公正性・透明性の促進に関する規則案」として欧州委員会が正式に公表し、19年7月に発効した。これが、20年に成立する日本の特定デジタルプラットフォーム取引透明化法

（11章で詳述。以下、PF透明化法）の原型となっていくのである。

とはいえ、まだ米国にこの方針を知られるわけにはいかないと考えていた。「米国は国益に反すると思えば、絶対に邪魔してくる」と考えた寺澤は、まずは日本政府全体としての総意とするために、内閣官房の日本経済再生総合事務局に直談判に行く。国の成長戦略である「未来投資戦略2018」に「プラットフォーム規制の必要性」を盛り込んでもらうためである。

再生事務局には、当時、経産省から出向していた広瀬直（現・通商政策局長）がいて、交渉するにはちょうどよかった。ただ、既に18年の年が明けていた。「6月に発表の戦略に盛り込むには時間が足りない」「中途半端な形で入れたら、あちこちから突っ込まれて、むしろ足をすくわれるのでは」「具体的なことまで踏み込まず、まずは方向性だけ示そう」――。2人は綿密に文言を練った。

寺澤の粘り腰で、「プラットフォーマー型ビジネスの台頭に対応したルール整備」として以下の一文が盛り込まれる。

〈プラットフォームの寡占化が進む中で、新たなプラットフォーム型ビジネスが次々と創出され、活発な競争が行われる環境を整備するため、（中略）デジタルプラットフォーマーの社会的責任、利用者への公正性の確保など、本年中に基本原則を定め、これに沿った具体的措置を早急に進める〉（傍点は引用者）

「本年度中に基本原則を定め」の一文が入ったのは大きかった。未来投資戦略２０１８が公表された翌月には、経産省、総務省、公取委が合同で事務局を務める「デジタル・プラットフォーマーを巡る取引環境整備に関する検討会（以下、取引環境整備に関する検討会）」が発足する。これまでの霞が関の対立の歴史を知る人であれば、感慨深いものがあったかもしれない。当初、非公開でスタートした検討会の存在が11月に明らかにされると、検討会会場には毎回、傍聴の取材記者らが殺到して息苦しくなるほど、検討のゆくえは注目された。「これでプラットフォーム規制の流れはできた」と松田は思った。

10　『読売新聞』２０１５年2月25日「対グーグル　政府が戦略　市場独占に歯止め　今夏メドに策定」

10章 〝総務藩〟も動く――一国二制度を解消する電気通信事業法改正

経産省の松田らの奔走で「取引環境整備に関する検討会」がスタートを切った頃、総務省もまた、大きく動き出そうとしていた。

2018年8月、総務省は情報通信審議会に「電気通信事業分野における競争ルール等の包括的検証」を行うように諮問した。10年ぶりの抜本的な見直しで、秋から複数の有識者検討会が並行して立ち上がる。

「谷脇不況」と恐れられた男

大改革の立役者は谷脇康彦。このあと、21年3月に東北新社やNTTとの会食を『週刊文春』に報じられ、辞職に追いやられることになる人物である。

事務次官レースで最有力とされていた谷脇の退場は、長い目で見れば日本にとっての損失だったのではないか、と筆者は個人的に感じている。オタクでちょっと変人だが、学究肌で、なおかつブルドーザーのような実行力を持つ。現場の実情を知るために、業界の若いエンジニアや、顧客相談窓口の担当者らと、深夜まで安い居酒屋で議論を闘わせる姿を何度も見た。打ち出す政策には国益を第一と考える彼の姿勢がにじんでいたように思う。東北新社との関係はわからないが、少なくともＮＴＴとの関係において、谷脇がその利益を守ることに腐心していたようには見えなかった。むしろ、是非で物事を論じようとする谷脇は、彼らに恐れられてもいた。

18年夏の話に戻ろう。７月20日発令の人事で10年ぶりの総合通信基盤局に局長として戻った谷脇は、着任当日、自ら、パワーポイントで一枚の提言書を書き上げた。

〈情報通信を取り巻く環境が大きく変化する中、これまでのネットワーク構造やサービスを前提とした競争ルールや基盤整備、消費者保護等の在り方を包括的に見直さなくてはいけない〉――。総務相の諮問会議である情報通信審議会の下に有識者による「電気通信事業分野における競争ルール等の包括的検証に関する特別委員会（以下、包括検）」を設け、さらにその下にプラットフォーム、モバイル市場、消費者保護ルールなどに関する複数のＷＧをぶら下げる。これまでの政策や規制を文字通り「包括的」に見直す、という構想である。

「谷脇さんは、10年前の『ＩＰ懇談会』をやり直そうとしているのでは」。業界はざわついた。ＩＰ懇談会とは、谷脇が総合通信基盤局の料金サービス課長だった05年にスタートさせた「ＩＰ化の進展に対応した競争ルールの在り方に関する懇談会」のことだ。やはり情報通信分野の課題を包括的に見直し、その報告に基づいて作成された「新競争促進プログラム２０１０」は業界を震撼させた。特に、モバイル分野では大なたが振るわれた。端末価格と通信料金との線引きを明確化する「分離プラン」やＳＩＭロック解除、ＭＶＮＯ（格安スマホ、格安ＳＩＭのサービス提供会社）の新規参入促進——。携帯業界からは「谷脇不況」などと呼ばれ、恐れられたものだった。

約10年ぶりの見直しの大号令に、多くの関係者がこう考えた。「今度はプラットフォーム問題だ」。

いずれの会合も毎回、傍聴席に業界関係者が押し寄せた。希望者が多すぎて、会場を総務省の地下の大会議室に変更した回もあったほどだった。

換骨奪胎されたｉモード

「実は、日本で最初にプラットフォームという言葉を政府の報告書に書き込んだのは、私なんです」。谷脇が、一冊の報告書を見せてくれたことがある。

「電気通信事業分野におけるブロードバンド競争政策の在り方」。有識者会議「情報通信新時代のビジネスモデルと競争環境整備の在り方に関する研究会」が02年6月に発表した報告書だ。谷脇がまだ事業政策課の調査官だった頃に手がけたものである。

そこには、IP時代のビジネスモデルとして、「端末」「ネットワーク」「プラットフォーム」「コンテンツ、アプリケーション」の各レイヤーが垂直に連なる四層構造が示されていた（次ページの図表8）。今でこそよく目にする図であるが、当時としては斬新な分析だったという。それまでの「電話時代」には、図の左側にあるように、通信キャリアが単独で統合型のサービスを提供するのが当たり前だったからだ。

「プラットフォームと言っても、当時想定していたのはNTTドコモのiモードでした。まだグーグルも創業したばかりで日本にも来ていなかった時代ですからね」

iモードはNTTドコモが1999年2月からドコモ対応の携帯端末向けに始めた世界初のIP接続サービスである。メール機能のiモードメールの送受信のほか、アプリを載せることで、ゲームや電子書籍、地図サービスなど様々な便利な機能を追加することができ、爆発的に広がっていった。

「当時はドコモがすべてのレイヤーで支配的な力を持っていました」

ドコモが直接提供しているのはネットワークサービスだが、端末も、ドコモがメーカーから一括調達して、ドコモ印をつけて販売していた。コンテンツ、アプリレイヤーもその影響下にあった。iモードでは、いわゆる「勝手サイト」（一般サイト）も存在したが、公式サイ

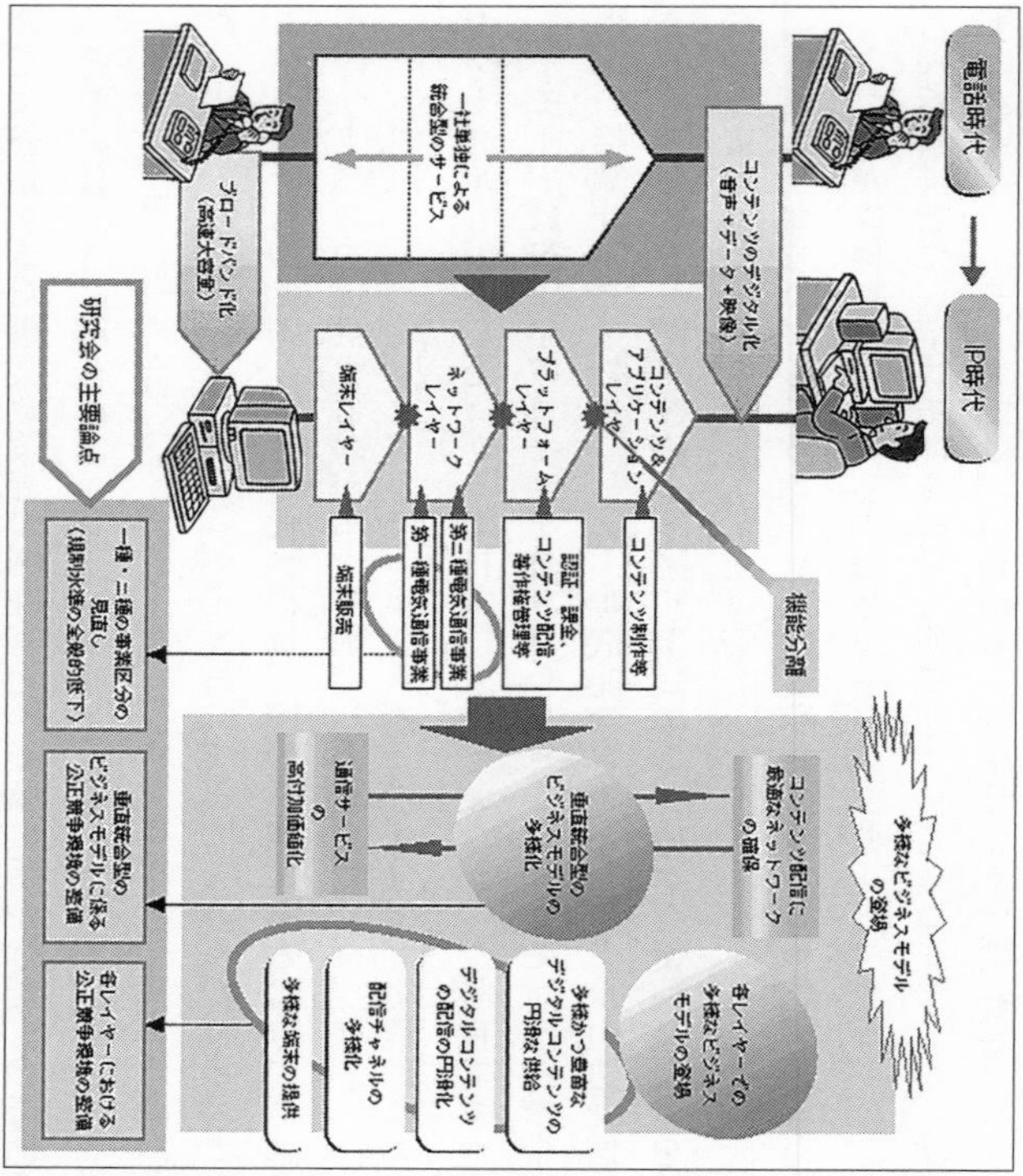

図表８　電気通信事業分野におけるブロードバンド競争政策の在り方（イメージ）

有識者会議「情報通信新時代のビジネスモデルと競争環境整備の在り方に関する研究会」が02年６月に発表した報告書

トは、ドコモの公式メニューから検索ができて高い集客力をのぞめたからだ。しかも、キャリアによる課金代行サービスが利用できるので、コンテンツ、アプリベンダーは公式サイトに入りたがった。一方、当時の課金代行サービスの手数料は約10％で、「高い」「審査基準が不透明」などの不満も高まっていた。20年を経た今、アップルやグーグルが批判されているのと同じ構図の問題が既に日本のモバイル市場では起こりつつあったわけだ。

谷脇は、ブロードバンド化、IP化の流れが進む中で、プラットフォームの力は今後どんどん増していく、と見ていた。この頃、海外の複数のコンサルティングファームが来日してはiモードについて熱心に聞き取りをして帰って行ったことも覚えている。iモードの垂直統合モデルは、世界の注目を集めていたのである。だが、その後の推移はご承知の通りだ。「私は、iモードの垂直統合モデルを、グーグルとアップルが換骨奪胎した、と見ています」。iモードのモデルは、プラットフォーム1・0。そして、グーグルとアップルが築いたモデルを2・0モデル、と谷脇は呼ぶ。

2・0モデルで、主導権はネットワークからプラットフォームに完全に移っている。アイフォンやグーグルのアンドロイドOS端末によって端末レイヤーをおさえ、プラットフォームも通信キャリアから奪い、その上のコンテンツ、アプリレイヤーにも支配力を及ぼす。そしてネットワークは、どこの通信キャリアのものを使ってもあまり関係ない、「何でもいいもの」に変えられてしまったのだ。

谷脇は当時から、IP化が進めば各レイヤーが切り離され自由度が高くなると見ていた。「既に固定通信の世界では、ユーザーはパソコンを選び、ISP（インターネットサービスプロバイダー）を選び、キャリアを、そしてプラットフォームを、コンテンツを選ぶ自由がありましたよね。一方の移動通信では、当時は通信キャリアを選ぶとすべてがついてくる形でした。でも、IP化が進めば、いずれ固定と同じようにレイヤーが切り離されていくと思ったんです」。だからこそ、新しい競争環境に合わせたビジネスモデルの構築が急務だ、と通信業界に呼びかけ続けたのである。

だが、業界から聞こえてくるのは「余計なことをしてくれるな」という声ばかりだった。谷脇が料金サービス課長時代にまとめた06年の「新競争促進プログラム２０１０」も、同様の問題意識から情報通信政策全体を見直そうとする試みだったが、業界は「日本の事業者のやり方を否定するのか」と反発し、積極的に受け止めようとはしなかったのだ。

結果はどうだったか。アップルのアイフォンが米国で発売されたのが07年6月。日本でも08年7月に販売が始まり、スマートフォン全盛時代が訪れると、あれよあれよという間に、PFの座は奪われてしまった。

その後、谷脇は総合通信基盤局を離れ、IT利活用やサイバーセキュリティ関連などのポストを歴任した。そして10年ぶりに戻ってきて、自分がいなかった間に起きたことを目の当たりにした。マーケットは国境を越え、海外PFが市場支配力を強めている。そして、それに対して通信行政はコントロール困難な状況に陥っていた。

「もう一度、すべてを再検証しよう」と立ち上げたのが、18年の包括検だったのだ。

事務局の問題意識

18年10月に始まった包括検。喫緊の課題を網羅的に組上に載せていたが、ここでは、やはり注目が集まったプラットフォーム問題に触れたい。

次ページの図表9は第1回目の特別委員会に事務局が提示した資料である。

通信キャリアによる垂直統合モデルが跡形もなくなっただけではない。かつて谷脇が考えた2・0モデルはさらに進み、PFはレイヤーの壁を越えて通信サービスに関わるすべてのレイヤーに進出しているのだ。動画や地図サービスなどで自らコンテンツ提供者にもなった。端末レイヤーにも、OSの提供などで影響力を強めている。ウェブメールやクラウド、CDNなどのネットワークレイヤーにも進出しつつある。ネットワークサービスを提供していても現在の電気通信事業法が及ぶとは限らない。ネットワーク仮想化などの技術によって、ハードの電気通信設備を持たなくても、伝統的な通信事業者と同等の通信サービスを提供する

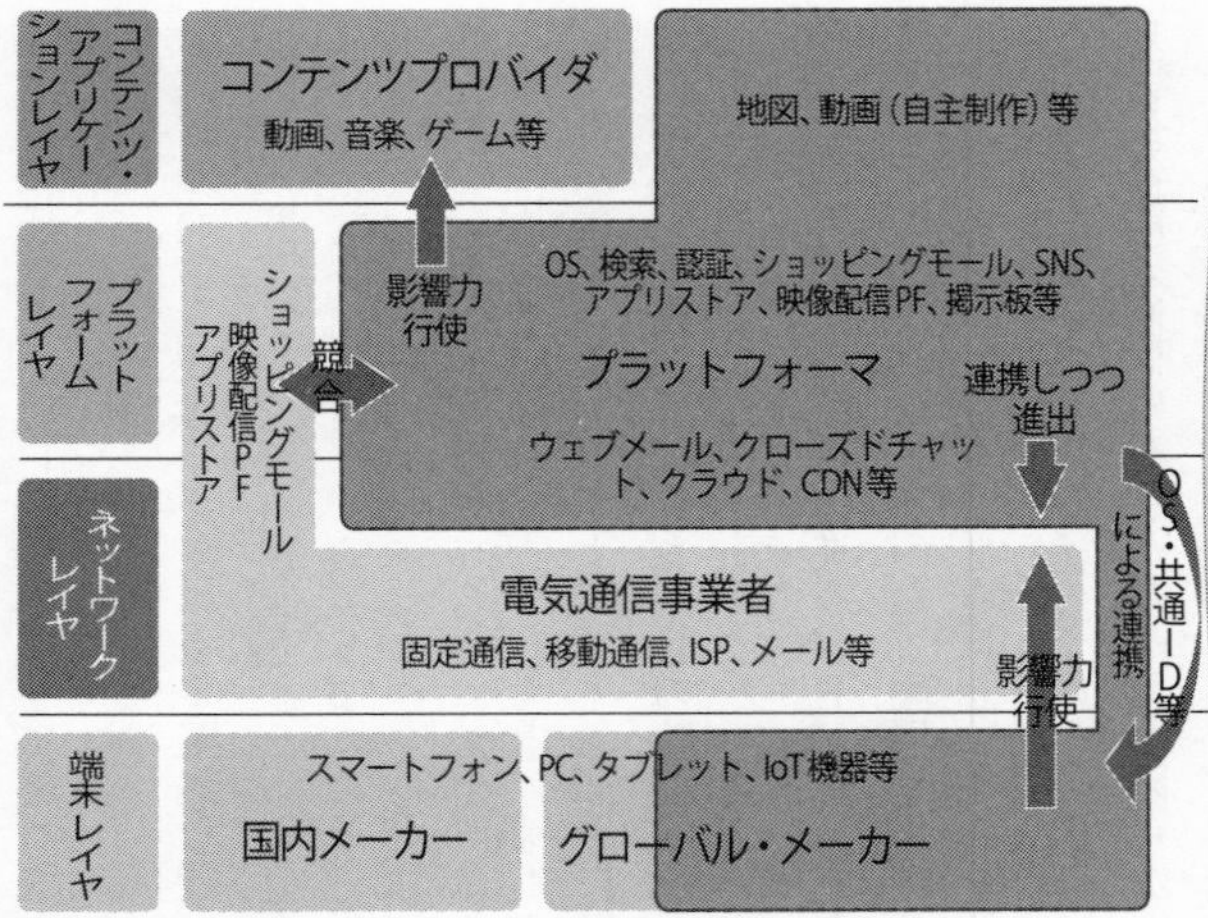

図表９　現在の電気通信事業を取り巻くレイヤー構造
出所：総務省作成資料（2018年10月４日）をもとに作成

ことが可能となり、こうした事業者は規制対象外となるからだ。

事務局は、ＰＦをめぐる四つの課題を挙げている。課題①は、ＰＦがサービス提供の際に大量の利用者情報を集め、利用している問題。プライバシーや個人情報保護の課題について、電気通信事業法で保護対象となる「通信の秘密」にも着目しながら、検討を深めようという考えだった。これは包括検の下に作られた「プラットフォームサービスに関する研究会（以下、プラットフォーム研）」で議論されていく。

②はネットワーク中立性で、「政府や通信事業者はインターネット上のすべてのデータを平等に扱うべきである」とい

う考え方について。情報へのアクセスや表現の自由にも関わる問題であるが、ユーチューブの動画配信など大容量の利用が増え、通信事業者の負担が増える中で、PF側にも負担を求められないか、という議論の中で浮上した。これについては15章で触れたい。

③は、官民サービスのオンライン化が進む中で重要性を増す、本人認証のためのトラストサービスのあり方。これを海外PFに根こそぎ奪われないように、日本も制度整備を検討しようという狙いだ。

そして④が「法のイコール・フッティング」。つまり、「一国二制度問題」の解消である。内外の事業者の関心が最も集中したのが、これだったのではないか。事務局は「日本国内にいる利用者に電気通信サービスを提供するのであれば、設備がどこにあろうとも、日本の電気通信事業法が適用できるようにすべきか、検討してほしい」と提案してきたのだ。

同法では、「電気通信設備を用いて他人の通信を媒介し、その他電気通信設備を他人の通信の用に供すること」を電気通信役務と定義し、その役務を事業として他人に提供し、登録や届出をした事業者を電気通信事業者と定めている。条文上、海外事業者には法を適用できないとは書かれていない。だが、長年、「できない」ものとして運用されてきたのは、既述の通りだ。14年5月には、当時の吉良裕臣総合通信基盤局長が国会で「国外にサーバ等を設置していて、国内で国外のサーバ等に対して何ら支配、管理をしていない場合、国内向けにサービスを提供していたとしても電気通信事業法の規律は及ばない」としてグーグルには適用できないと答弁している。

通信事業者に匹敵するグーグルの力

「14年のあの答弁をどう解釈するかは、省内でかなり議論をしました」と、谷脇は話していた。「規律が及ばないというのは、『制度的に及ばない』というより、自分たちが『及ばせようとしていない』のではないか」。谷脇自身、ずっとその思いを拭えなかったという。

総務省が域外適用の可否を考える上で、EUで18年から適用が始まったGDPRの存在は大きかった。GDPRでは、海外事業者であっても違反すれば莫大な課徴金を科すことが可能とされており、実際に欧州委員会は次々と海外PFに対し執行していた。だが、谷脇を決断させた一番の出来事は、17年に発生した大規模通信障害だった。

17年8月25日の正午過ぎから夕方にかけて、NTTコミュニケーションズとKDDIの提供する回線を中心に広範囲のインターネット障害が発生したことを覚えている人は多いだろう。楽天証券、埼玉りそな銀行、メルカリなどの企業活動、三重県の入札サイト、モバイルSuicaのような決済サービスやオンラインゲームまで、影響は広範に及んだ。

障害の原因は、グーグルの経路制御の誤りだった。経路制御とは、インターネットの通信パケットを正しい宛先に転送するために、パケットの通り道（経路）の情報をネットワーク事業者間でやりとりし、管理する仕組みのことだ。

インターネットが世界中につながるのは、数えきれないほどのネットワーク事業者が相互につながっているからだ。その通信が迷子にならずにきちんと目的地に届くように（しかも、混雑している道や狭い道を避けて最も効率よいルートを選択して）、接続相手のネットワーク事業者に、その通信の経路情報を伝えるのである。

いわばインターネットをインターネットたらしめる要《かなめ》の技術が経路制御と言えるだろう。これを誤って設定すると、例えば、日本のNTTコミュニケーションズからKDDIにパケットを送るのに、わざわざ海の向こうのネットワーク事業者に送って余計な遠回りをしてまた日本に戻ってくる……といった、通常ではありえない経路を通ったり、負荷がかかってパンクしたりする恐れもある。08年にはパキスタンの通信事業者が誤った経路情報を送り、世界各地でユーチューブが約40分間アクセスできなくなる障害も起きている。

この日、総務省が情報収集に乗り出すと、国内事業者から「原因はグーグルの誤設定らしい」との情報が入ってきた。だが、日本のグーグルは全く情報を持っていない。結局、総務省は国内の事業者から間接的に情報を得るほかなかった。グーグルは翌日になって「誤設定したが8分以内に解消した」というコメントを発表したが、総務省に対してはその後もなかなか詳細を報告しようとはしなかった。

電気通信事業法では、通信サービスを「停止」させたり「品質低下」させたりした事故のうち、影響した利用者や発生時間が一定以上にのぼる場合、事業者に対し、総務省に速やかに状況を報告するとともに、30日以内に詳細な報告をするよう義務づけている。事故の報告をしなかったり、虚偽の報告をしたりした場合には、30万円以下の罰金が科される。だが、対象はもちろん、日本で登録、届出をした電気通信事業者である。

この時の事故では4日後、当時の野田聖子総務大臣が閣議後の記者会見で「詳細な原因の調査と、今後の対応について検討を行う」と発言した。これを受け、担当課は、法に基づく権限がない中で、10月13日、電気通信事故検証会議にグーグル合同会社の公共政策担当者に出席を要請した。担当者は出席には応じたものの、その内容は、グーグルが米国で発表した内容以上のものではなかったという。日本の通信インフラにこれほどの影響を出しながら、十分な報告さえ得られないことに、担当者はもどかしさを抑えられなかった。

谷脇は、グーグルが設定一つで日本の通信インフラを揺るがす力を持つという事実にもゾッとしていた。

通信事業者の一人は、「あの時の障害は、グーグルがTier-1、いやそれを超える大規模なネットワーク網を持っていることを思い知らせた」と解説する。Tier-1とは、トランジットサービスを使わずに、直接、ネットワーク事業者同士の接続（ピアリング）だけで世界中のインターネットにつなげる事業者のことを指す。世界でも十数社しか存在せず、日本ではNTTコミュニケーションズ一社のみだ。

この時の障害でグーグルから流れてきた経路情報の分析により、グーグルが驚くほど細かく膨大な経路リストを持っていたことが判明している。説明は省くが、これはグーグルが世界中の膨大なネットワーク事業者と直接ピアリングしていることを意味する。中にはこの時のリストから「世界の2割近いネットワーク事業者と、ピアリングしている」と推測する研究者もいる。

近年、通信品質の向上などの目的で、ネットワーク事業者とユーザー側であるコンテンツ事業者が直接ピアリングするケースが増えている。特に目立つのがグーグルだ。グーグルのネットワークと直結していれば、通信は速く、品質も良好になり、ユーチューブや検索を使いたいユーザーに喜ばれるからだ。「みんながグーグルに依存し、グーグルにつながろうとしている現実が浮き彫りになったということ」と事業者は話す。

もはや世界最大規模の「ネットワーク事業者」となり、日本の通信インフラにもこれほどの影響力を持つグーグル。だが、日本では通信事業者として届出をしていない。大きな事故を起こしても、報告に応じる義務もないのである。

これを放置すれば、日本の通信の安全保障上の問題にもなりかねない——。この経験が、域外適用問題における総務省の決断を促すことになった。

2020年電気通信事業法改正

「日本で同じサービスを提供する以上、国内事業者にも国外事業者にも同じ法適用がなされるべきである」「事業者間の競争上の不公平の問題もさることながら、それ以上に考えるべきは、消費者の保護だ。我が国の利用者にサービスを提供する事業者に、等しく電気通信事業法が適用されないことは、我が国の利用者の保護を欠くことになる」

弁護士の森は、包括検では、法の域外適用について検討する特別委員会と、その下の「プラットフォーム研」の双方に委員として参加していた。もちろん、どちらの検討会でも、12年のヤフーメール問題以来の持論を滔々と述べている。これまで政府の各種検討会で一体何度この主張を繰り返してきたことか。だが、ようやく機が熟したと言うべきか、既にこの時点で、ほかの構成員にも異論はなかった。19年8月の中間答申では、以下のような文言が盛り込まれる。

〈憲法において通信の秘密を保護する意義がプライバシーの保護にとどまらず、国民の表現の自由や知る権利を保障すること、国民が安全・安心に通信を利用できるよう通信制度を保障することにより、国民の通信の自由を確保することにある点に鑑みると、提供主体が国内か国外かを問わず国民の通信の秘密を保護することこそが上記憲法上の要請に適うものと考えられる。（中略）したがって、我が国の利用者を対象にサービスを提供する場合には、提供主体が国内か国外かに関わらず等しく利用者情報及び通信の秘密・プライバシーの保護に係る規律を適用することにより、我が国の利用者の利用者情報の適切な取扱いが確保されるようにすることが適当である〉

この答申を受け、20年5月15日、電気通信事業法は改正された。具体的には、外国法人が日本国内にいる利用者にサービスを提供する場合、例えばサービスに日本語が使用されていたり、日本円での決済を用意していたりする場合は、国内の電気通信事業者として登録や届出を求め、通信の秘密の保護（４条）や利用の公平（６条）などが適用されることになる。国内に代表者や代理人を置くことを求め、違反には業務改善命令（29条）も出すことが可能になった。報告徴収や立ち入り検査（１６６条）もできる。法執行の実効性を強化するため、新たに違反者の氏名や事業者名の公表（１６７条の２）も盛り込まれた。

外国企業に法執行する難しさ

もっとも、条文を一見しただけでは、どこがどう変わって域外適用が可能になったのかはわかりにくい。というのも、電気通信事業者の定義などが変更されたわけではないからだ。あくまで、変わったのは解釈にすぎない。

「特別な条文を追加しなくても、現状でも法の適用は可能だ、という整理になったのです」。改正作業に携わった総務省幹部はこう説明する。

域外適用の可否をめぐっては、国家の主権はどの範囲まで及ぶのか、という「国家管轄権」の及ぶ範囲が長年の論点になってきたことは既に述べた。かつては「国家管轄権は国家の領域（領土・領水・領空）内にある人や物事に対して及ぶ」という属地主義が国際社会の原則とされてきたが、経済がグローバル化する中で、海外では早々にその考え方を修正してきた。総務省もようやく、この考え方に基づいて、「日本国内の利用者にサービスを提供しているということは、行為の一部が日本国内で行われていることになり、法適用できる」という「広めの属地主義」（担当者）をとることにしたのである。

要するに、今までも適用しようと思えばできたのではないか？　そんな問いかけに、法令解釈の業務が長かったというこの幹部は今、自省の言葉を口にする。

「外国企業に対して日本の法を『執行』するハードルが高いことは事実。だが、そこで思考を停止してしまって、日本の法を『適用』できるかどうかの検討が不十分だった」

外国企業に法執行できるかという問題（国内法をどの範囲で執行できるかという問題。「執行管轄権」と言う）と、そもそも外国企業に法律を適用できるかという問題（国内法の効果がどこまで及ぶかという問題。「立法管轄権」と言う）は区別して考える必要がある。

たしかに、他国にいる事業者に対して、命令したり、罰則を科したりするのは難しい。その国の国家主権を侵害することになりかねず、他国の執行協力を得られなければ実効性を担保するのも難しいからだ。だが、「執行が難しいからといって、法適用まで不可能と考えるべきではなかった」とこの幹部は言う。法が適用できる、という前提で考えれば、日本のルールを守らせるための工夫はいくらでも考えられたはずだ。例えば、今回の改正では、国内に設置を義務づけた代表者や代理人を通じて法執行を可能とした。また、外国の捜査が必要になるなど、罰則の執行が困難な場合を想定し、法人名を公表することで、一定の実効性を担保する工夫がされている。「もし一歩踏み込んで、国民を守るために何ができるのかを考えていたら、もっと早く、可能な道を探し当てていたのでは……」と悔やむ。

あうんの呼吸

もう一点、彼は興味深い分析を口にした。

「日本の行政が業界とのあいまいで居心地のいい関係に安住してきたことも、域外適用に踏み切ることを躊躇させてきた面はある」

行政手続法では、行政指導はあくまで相手の「任意の協力」によって実現されるもので、これに従う法律上の義務を負うものではないとしている。従わなかったとしても、それを理由に不利益な取り扱いをしてはならないことも明記されている。にもかかわらず、日本の事業者はあいまいな指導にもあうんの呼吸で従ってくれた。だが、海外事業者は法で義務づけられていなければ従わず、法執行がおかしいと思えば訴訟で対抗してくる可能性がある。あいまいな行政手法は通用しないのである。つまり、域外適用できない、というのはリスクをとりたくない霞が関の怯懦《きょうだ》だったということか。

「域外適用に踏み切るということは、あいまいな行政手法との決別と同義でもある。これからは我々が、ルールの透明性と説明責任を求められることになるだろう」と、幹部は言う。

この決意を裏づけるように、総務省は今、通信の秘密に関する規定の適用ルールについて明確化を図ろうとしている。その一つが、21年2月の第23回プラットフォーム研で公表された「同意取得の在り方に関する参照文書」だ。

通信の秘密に関する情報の取得や利用は、通信当事者の有効な同意がある場合にのみ適法化される。そして、その同意はこれまで「個別具体的かつ明確な同意」でなければならないとされてきたが、どのような同意が「個別具体的かつ明確」と言えるのか必ずしも明らかではなかった。12年のヤフーメール問題で、当時としてはかなり緩い基準でビジネス目的でのメール解析を適法としてしまったことも、適法化の解釈に透明性が欠けていたことに一因があるだろう。

今回の「参照文書」は、「個別」「具体的」「明確」のそれぞれについて、何がこれに当たるのかを説明している。長年求められていた解釈の公表は、遅ればせながらも、行政の透明性と説明責任への期待に応えようとするものと言えるだろう。

11章　プラットフォーマー取引透明化法

規制法の誕生

２０１８年7月から始まった〝経産藩〟、〝公取藩〟、〝総務藩〟の垣根を越えた有識者会議「デジタルプラットフォーマーを巡る取引環境整備に関する検討会」は、非公開による７回の議論と公開での２回の検討を経て、12月に中間論点整理を公表した。

ここでは、その後の様々な制度設計につながる検討がなされている。中でも注目された成果物が、20年5月に成立し、21年2月に施行した「特定デジタルプラットフォームの透明性及び公正性の向上に関する法律（以下、ＰＦ透明化法）」であろう。

同検討会はＰＦのビジネスの特徴について、①社会経済に不可欠な基盤を提供している、②その市場のルールやシステムは彼ら自らが設計・運営・管理するもので、業法の規制も受けていない、③その市場は本質的に操作性が高く不透明である——などと分析し、「透明性と公正性確保のための規律が必要」と提言している。それまで、「単なる場の提供者にすぎない」としてきたPFに対し、法的責任を課す必要性や妥当性を明確に打ち出した形だ。

これを受け、経産省、公取委、総務省は合同で「プラットフォーム型ビジネスの台頭に対応したルール整備の基本原則」を発表、約9ヵ月後の19年9月にはデジタル市場競争本部が設置され、さらにその約10ヵ月後にPF透明化法が成立することになる。「プラットフォーム」を法令名に冠する初の規制法の誕生である。

PF透明化法について説明する前に、この検討会で気になったいくつかの点について触れておきたい。

一つは、デジタル時代の「業法」のあり方について問題が提起されたことだ。前章では、電気通信事業法が電気通信設備に着目する法律であるがゆえに、国外からサービスを提供する事業者や、そもそもハードの設備を持たずに通信事業者と同等のサービスを提供する事業者に規律が及ばなくなっている問題に触れた。こうした既存の業法の「漏れ」は、いたるところに起きていた。その一方では、時代遅れの業法が、新しいビジネスやイノベーションの芽を摘む現象も起きていたのだ。例えば、道路運送法の規制で、いわゆる有償のライドシェア（相乗り）は違法とされ、事業ができない状態が続いている。

従来の業法が想定していた「業」の形態が時代の要請に合わなくなる中で、巨大PFから消費者や利用事業者を守るためにも、日本から新たなPFを生み出すためにも、見直しが必要であることが言及されたのだった。

また、同検討会は独禁法の運用見直しの必要性も強く訴えている。この指摘を受けて公取委は、19年12月には企業結合ガイドラインなどの改定に踏み切っている。これまでグーグルやFBなどが、成長の途上で企業結合の審査対象にならないスタートアップ企業を買収し、ライバルの芽を摘んできたことはたびたび批判されている。これを考慮して、デジタル分野の審査基準を変更したのだ。また、同じ月には、優越的地位の濫用をPFと消費者との関係でも適用しうることをまとめた「消費者優越ガイドライン」も公表された。当時の委員長、杉本がかねて強く主張していた考え方である（9章を参照）。どちらも、世界の競争当局に先んじて、日本が初めて示したガイドラインとなった。

彼らに「甘い」国

もう一つ、あまり後味の良くない記憶についても触れておきたい。

18年11月28日の検討会のことだ。この日は、GAFA、つまりグーグル、アマゾン、FB、アップルのヒアリングが行われる予定だった。

前回の11月16日には、ヤフーと楽天が呼ばれた。出品制限やおすすめの表示順序の決め方、取引先事業者との関係などあれこれ質問を受け、公開の場で回答していた。

ところが28日は違った。アップルとグーグルはヒアリングに参加したものの非公開で、出席者が誰なのか、何を説明したのかもわからない。それでも、来ただけマシかもしれない。FBは検討会への出席を断り、資料を提出しただけ。アマゾンは資料さえ提出しなかった。

事務局に理由を尋ねると、「企業秘密に関わるから、ですかねえ」。参加した委員らも「何にも新味のない話で、彼らがウェブサイトで公開している話と何も変わらなかった」「こんな話で、なぜ非公開にしようとするのか」と苦虫をかみつぶしたような表情だった。

ある委員は、「米国なら公聴会にザッカーバーグやピチャイが呼び出されて、厳しく突っ込まれるのに、日本では『お願いベース』。『非公開で』と言われればその通り非公開にし、欠席しても何の不利益もない」と自嘲気味に話し、こう続けた。「そういう『甘い』国での対応に人や時間をかけるのはリソースの無駄だし、株主にも説明がつかない、と彼らが思っても不思議ではない。自分が担当でも同じようにすると思う」。

この検討会では、PFへの規制にいわゆる「共同規制」の導入を提言している。最初から厳しい法的制裁を用意するのではなく、対話を重視し、まずは事業者の自主的な取り組みを尊重しようという考え方だ（共同規制については後ほど詳述する）。しかし、この日の体験は、「海外事業者に『対話』は通じるのか」という不安を抱かせることにもなった。

PF透明化法の「生命線」

PF透明化法は独禁法を補完して、デジタル市場での透明性・公正性の促進を目的とした法である。「独禁法は威力があるが、重くて迅速さに欠ける。それで、独禁法が適用できるかできないかという境界線より、ちょっと外側にある問題に対応しようというのが、この法律」。同法を単独所管とすることに成功した経産省の情報経済課長の松田はこう説明する。

独禁法は排除措置命令や課徴金納付命令などの武器を持つが、審査には時間がかかる。特にデジタル市場の分析や違反事実の認定は難しい。執筆時点で命令はまだ1件も出されていなかった。独禁法違反に当たるものは、公取委に今後頑張ってもらうにしても、せめてその境界線付近の透明性や公正性に欠ける「恐れ」がある領域については柔軟な手法で事前に解決しようというのが新法の狙いとなる。

規制対象となるのは、「特定デジタルプラットフォーム提供者」と指定された事業者だ。分野は今のところオンラインモールとアプリストアに限定されているが、必要に応じて政令で広げられることになっている。いずれデジタル広告分野も加えられる見通しだ。オンラインモールでは国内年間流通総額が3000億円以上、アプリストアは2000億円以上の事業者が対象となっており、21年4月、モールではアマゾンジャパン合同会社、楽天グループ株式会社、ヤフー株式会社が、アプリストアではグーグルと、アップル及びアイチューンズ株式会社が指定を受けた。

柱は「情報開示」と「自主的取り組み」、そして「モニタリング・レビュー」である。

まず、ＰＦは、プラットフォームを利用する商品等提供利用者（取引先事業者）に対して提供条件を開示することが義務づけられている。具体的には「プラットフォーム提供を拒絶する場合の判断基準」「特定の決済手段など有償サービスを使うよう要請する場合の内容や理由」「表示順位の決定に用いられる主な事項」などだ。さらに、取引条件を変更する場合や取引を停止する場合は取引先事業者に事前に通知することも義務づける。

開示が行われない場合は、経産大臣が勧告し、勧告に従わない場合は措置命令も行える。勧告、命令の際は事業者名も公表する。命令に従わない場合には罰金も科せる。ただ、その金額は「１００万円以下」である。巨大ＰＦには、この罰金は蚊に刺されたほどの威力もなさそうだ。これについては後述する。

また、ＰＦに取引先事業者との「相互理解の促進を図るために必要な措置」を講じることを求めているのもポイントだ。ただ、その「措置」の具体的な中身は、ＰＦ自身に委ねられる。経産省はこの措置に対する「指針」の中で「行動指針を策定し、定期的に検証し、必要があれば見直す」「取引先事業者からの苦情について事後検証や改善が容易となるように社内に記録・保管すること」などを示しているが、あくまで指針なので、必ずしもその通りにする必要はない。こちらは、勧告と事業者名の公表のみで、措置命令は出せない。基本理念で謳うように、この法律はＰＦの「自主的」な取り組みを尊重しているからだ。

それだけに重要になってくるのが、ＰＦが年１回、経産省に提出する運営状況の報告書と、それに対する経産省の評価である。報告書は「概要」が、評価結果はすべてが、公表を義務づけられている。この報告と評価がしっかり行われ、国民の監視機能が働くかどうかが、この法律の生命線になるだろう。

「共同規制」という新概念

この法律の大きな特徴の一つは先述した「共同規制」の考え方を取り入れた点である。共同規制とは、自主規制の自主性・柔軟性を活かしつつ、それが機能しない部分を政府が補完するという規制の考え方で、自主規制と法規制の間に位置するイメージだ。

共同規制は近年、欧州の、とりわけ技術やビジネスの変化が速い情報通信政策の分野で導入が進んでいる。例えば、イギリスのＯｆｃｏｍ（情報通信庁）は08年に共同規制のためのガイドラインを策定し、ネットでの青少年対策や広告規制などに活用している。

米国でも、ＦＴＣ（連邦取引委員会）がプライバシー保護について共同規制を一部導入している。FTCが「配慮すべき原則」を示し、業界団体がそれに従って自主規制ルールを策定し、団体に加盟する各事業者はプライバシーポリシーにそれを反映させる。そして、事業者がプライバシーポリシーに違反したり、消費者に深刻な被害を与えたりした場合は、FTC法5条に基づく厳しい罰則が科されるというものである。

前述の「取引環境整備に関する検討会」の議論の中でも、共同規制の導入は焦点の一つになった。検討会の傘下に設けられたWGの報告書では、規制のフレームワークの三つのオプション（自主規制、共同規制、法規制）の一つとして挙げている。ただ、報告書では「自主性・柔軟性と実効性とのトレードオフ関係」に注意すべきことも指摘されていた。つまり、法規制がしばしば規制の陳腐化やイノベーションの阻害を招くと批判される中で、共同規制はそうした懸念を払拭できるというメリットはあるが、一方で、違反があった場合の制裁が弱ければ実効性を失う恐れがある、との指摘である。

19年9月、内閣官房にデジタル市場競争本部が設置された後も、その下に設けられたデジタル市場競争会議WGでは、「実効性」への懸念が構成員の有識者から発せられている。[11]

例えば、弁護士の増島雅和は「（海外事業者は）常にエンフォースメント（法執行）の可能性を考慮して、どれだけ規制遵守にリソースをかけるかを決定する」「脅しとか執行とか、厳しい対応を含めて組み込まないと、制度として思ったようには機能しない」「典型的な日本企業に対して信頼ベースでコミュニケーションをとりましょうみたいな甘い形だと、おそらく所期の目的を達成できない」と指摘していた。

同じ会合で、競争法が専門の京都大教授、川濵昇もこう発言している。「（海外プレイヤーに関して）これは一番大きな問題で、不遵守ないしは非協力的な事業者が痛くも痒くもないのだったら意味がない。そのためには、公的なサンクション（制裁）であるか、ないしはレピュテーション・リスクでやるか、どちらにせよ、かなり大きなムチになるようなタイプの規制がないことには、恐らくワークしにくいだろう」。

議員が語る法案とりまとめの舞台裏

「『実効性を保つためにはある程度の強制力が必要』という声と、『厳しくするとイノベーションが阻害される』という声。これは、最後まで対立した」

こう振り返るのは、法案とりまとめの際、自民党内の意見調整に奔走した衆院議員、村井英樹（41歳）である。

「取引環境整備に関する検討会」が18年12月に中間論点整理を発表し、法制化への道筋が整うと、自民党では同月、競争政策調査会が中心となって勉強会をスタートさせている。有識者や事業者からのヒアリングなど計22回開催し、19年4月に第1次提言、同年12月に第2次提言をまとめた。村井はその競争政策調査会の事務局長である。

「正直、事務局長に就任するまで、この問題についてはあまり詳しくなかった」と言う村井だが、資料を取り寄せて読み込むうちに「これは政治がイニシアティブをとらないといけない問題だと直感した」そうだ。

もともと、村井は「政策の多くは、専門性の高い役所に任せるほうがうまくいく。政治家が中途半端に口を出せば失敗する」というのが持論だ。だが、「役所が苦手とする場面が少なくとも三つあると思う」と言う。一つめは、それまで想定されていなかった新しい政策分野、二つめが省庁をまたぐ問題、三つめが組織新設に関わること。PF問題は、いずれの条件にも綺麗に当てはまった。「これは、政治が責任持ってやらなきゃいけない話」。村井は猛然と勉強を始めた。

村井は財務省出身の元官僚で、経産省の松田とは入省が2期違い。年齢が近いこともあってウマが合った。休日になると松田に電話をかけては、あれこれ質問攻めにしたという。EUとも米国とも違う、日本ならではのプラットフォーム規制法を作り上げようと、「二人とも燃えていた」と振り返る。

競争政策調査会で出した第1次提言、第2次提言の原案は、村井が練り上げたものだ。党内のあちらこちらから突っ込まれ、その都度調整に追われたと言う。今手元に残る資料には、

「バージョン6」「バージョン7」……など何度も書き直しを重ねた苦労の痕跡がある。

提言をまとめる中で一番気をつかったのが、プラットフォームの「利便性」と「独占の負の影響」のバランスだった。

例えば、19年2月8日に開かれた4回目の勉強会では、当時政調会長だった岸田文雄が挨拶している。この時、挨拶文の原案を作った村井は、プラットフォームの特徴について「消費者は、飛躍的な利便性向上を享受でき、事業者は海外を含む大きな市場にアクセスできる」というメリットと、「PFは独占化しやすく、消費者や事業者に不利益を与える恐れがある」とのデメリットの両面を書き込んだ上で、岸田にはわざわざ、「読み上げる時は、利便性のほうを先に読んでください」と頼んでいる。

「この法案は『規制』の度合いをめぐって相当な綱引きがあった。一歩間違えたら紛糾して身動きがとれなくなる恐れもあった」。PF叩きと受け止められることは避けたかったのだろう。楽天は規制強化を警戒し、法案そのものに反対する姿勢さえ見せていた。GAFAの要請を受けて、米国政府が圧力をかけてくる可能性も十二分にあった。

勉強会には、GAFAのほか、日本の事業者もヤフー、楽天、広告会社のオプトなどが呼ばれ、意見交換をしている。19年も終わりに近づき、法案の中身が徐々に具体化し、第2次提言も出されようという頃になると、議員会館にはグーグルなど海外、国内を含めた事業者の姿を頻繁に目にするようになった。

米国の場合、ロビー開示法などにより、契約しているロビイストや金額などが公表されているためわかりやすいが、ＧＡＦＡは巨額の資金をロビー活動に投じている。米国の政治資金監視団体「センター・フォー・レスポンシブ・ポリティクス（ＣＲＰ）」によると、20年のロビー活動費はＦＢが前年より18％増の１９６８万ドル（約21億円）、アマゾンは12％増の１８７２万５０００ドル（約20億円）にのぼっている。グーグルの持ち株会社アルファベットは18年の２１７７万ドル（約24億円）を最高額として、それ以降は金額を圧縮させているが、厳しい規制を次々と打ち出す欧州では逆に攻勢を強めていたとされる。20年秋には、欧州委員会でデジタル政策を担当している欧州委員、ティエリー・ブルトンに対する活動計画が記された内部文書が発覚して注目を集めた。ただ、日本ではロビー活動について情報開示などの制度がないため、その実態はわからない。

制裁なき法に効力はあるのか

こうした中で、焦点の一つとなったのが、法案に「取引上の不当行為の禁止」の規定を入れるかどうか、だった。一定の不当な行為を禁じ、禁止行為を行った場合は罰則を設けることによって実効性を持たせようという考え方だ。19年12月12日の自民党の第２次提言では、異論を抑えて、なんとか残っていた。その5日後の第2回デジタル市場競争会議に提出された「デジタル・プラットフォーマー取引透明化法案（仮称）の方向性」の中でも以下のように記載されている。

〈（取引上の不当行為）
法律上、一定の取引上の不当行為をしてはならないとの規定を定めるべきか、革新的な取組を阻害する恐れがあるとの指摘も踏まえ、真に必要性が高い類型を見極め、検討。
【不当行為の例】
競合商品を拒絶／自社サービスなどの利用強制／自社の商品を有利に表示／事業の運営に重大な支障が生じる一方的な不利益変更〉

しかし、禁止事項はこの後、姿を消してしまう。

この経緯について関係者は「国内PFの強い反対」に加えて、「米国の影」があったことをほのめかす。永田町界隈では「USTRとのやりとりがあったらしい」との声も聞こえていた。当時、政調会長だった岸田は次の総裁の座を争う位置にいた。「米国との関係を荒立てて、岸田さんに傷をつけたくないという周囲の配慮もあったのではないか」と見る党内関係者もいる。

村井は「個人的には、禁止事項は海外事業者への牽制効果として有効だと感じていた」と振り返る。だが、まずは新しい共同規制の枠組みが動き出すことが重要だと判断したという。「経産省に対する報告とその評価がしっかり行われれば、社会が目を光らせ、それなりの抑止効果にはなるはず」。経過を観察しながら必要な措置をとろう、と考えた。

こうして20年5月、ＰＦ透明化法は成立した。禁止事項は置かず、開示とモニタリングを柱とし、罰金は１００万円以下となった。

検討段階にデジタル市場競争会議ＷＧで「（共同規制は）不遵守ないしは非協力的な事業者が痛くも痒くもないものだったら意味がない」と主張していた川濵は懸念する。「罰金１００万円なんて、海外ＰＦには制裁の意味をなさないのではないか」。ちなみに、20年12月に欧州委員会が公表したデジタル市場法（Digital Markets Act＝ＤＭＡ）案は、違反行為があれば前年度売上高の最大10％の制裁金を科すことができるとしている。

これに対し経産省幹部は「従わなかった場合には、独禁法で罰するという建てつけ」と説明する。だが、もともと独禁法で違反を認定することが難しく執行ができないという理由で、その外側に透明化法を作ったはずだ。「透明化法が機能しなかった時は、機能しない独禁法に期待する、という説明には論理的に無理がある」と川濵は首をひねる。

武器を持たずに巨大ＰＦと向き合おうとする日本の姿勢は、海外の目にも奇異に映るようだ。13～19年、欧州委員会のＤＧ　ＣＯＭＰに審査官として勤務し、現在は東京大教授として競争法を研究するサイモン・ヴァンドゥワラ（Simon VANDE WALLE）は、「より広範な権限を持つ欧州委員会でさえ苦労している。公取委ではさらに難しいと思う」と話す。

内閣法制局の影

なぜ日本は、制裁という武器を用意することに、これほど消極的なのだろうか。

「そもそも独禁法の課徴金は欧米に比べると驚くほど安い」と川濵は指摘する。例えば、欧州では、違反事業者の全世界での売り上げの10％を上限に、違反で得た売上高に最大30％を掛けた基礎額のほか、裁量的に加算も可能で、違反行為に関わる期間は上限なく乗じる。一方の日本は、20年12月施行の改正でようやく算定期間が調査開始時から過去10年前まで延長されたが、その前は３年しか遡及できなかった。しかも算定率は最大で10％で、裁量による加算はできない。

日本で課徴金が低く抑えられてきた背景に、経済界の反対があったことはよく言われるが、実は、内閣提出法案の審査を行う内閣法制局の考え方が影響していることも指摘されるところだ。内閣法制局は課徴金の性格を「制裁ではなく、不当利得を剝奪するもの」と位置づけてきた。刑事罰のほかに裁量的に制裁を科すことは憲法39条の二重処罰の禁止規定に抵触する、との理由からだとされる。

ただ、近年では「憲法39条が禁じるのは、二重に刑事責任を科すことであって、二重に制裁を科すことを問題としているものではない」との学説が有力になっており、課徴金が制裁として刑罰と併科されたとしてもただちに憲法違反になるわけではないと考えられている。独禁法も減免制度が導入された時点で、事実上、裁量型の行政的な制裁を認めた形となっている。ところが、不当利得剝奪論の「残影」が刷り込まれたままなのか、内閣法制局は課徴金に制裁としての色を帯びさせることを嫌ってきたという。

課徴金は行政上の義務の実効性確保のための手段である。多くの日本の事業者は課徴金の多寡にかかわらず行政の命令に従ってきたため、高額化の必要性が乏しかったという側面もあっただろう。だが、経済がグローバル化する中で、従前の考え方は見直しが迫られている。欧州など諸外国が制裁金を高額化させているのも、海外事業者に対する実効性確保の手段として必要だと考えてきたからだ。

当然、日本でも「課徴金のあり方を見直すべきだ」との声が強まっているが、なぜかなかなか進まない。

例えば、個情法では、15年改正でも20年改正でも課徴金制度の導入が検討されている。特に20年改正の検討段階では、個情委の有識者ヒアリングなどの場でも多数から強くその必要性が訴えられ、導入の気運は大きく盛り上がった。20年改正前は、罰則の上限は1年以下の懲役または50万円以下の罰金。1章でも触れたが、EUのGDPRの「最高2000万ユーロまたは前会計年度の全世界の売上高の4%のうち大きいほう」という制裁金とは大きな開きがあった。

個情委も導入を目指していた。弁護士の大島義則（37歳）が、個情委に情報公開請求をして資料を入手し、一連の動きを明らかにしている。[12]

これによると、19年11月18日時点で作成された個情委の「大綱案」は、①目的外利用、②要配慮個人情報の取得、③第三者提供、④外国の第三者提供、の義務違反に課徴金を適用するというものだった。金額算定案は、例えば個人データを本人の同意なく第三者に提供した場合、違反1件で2000円、要配慮個人情報なら5000円。これに個人情報の件数を乗じる。これなら、GDPRと比べても遜色はない。

だが、この個情委の案は幻に終わる。阻んだのは内閣法制局だった。大島の資料によると、同月19日、個情委は内閣法制局の審査で「法制的に非常に難しい」とダメ出しされている。結局、12月13日発表の「制度改正大綱」には、課徴金について「我が国の法体系特有の制約があることから、法制的な課題」があると記載され、課徴金導入は見送られた。

実は、前公取委委員長の杉本の時代に導入された確約手続も、内閣法制局のこうした考え方が反映された結果、骨抜きになった可能性がある。18年に導入された確約手続は、公取委と事業者との「合意」により、自主的に独禁法違反の疑いを解決するための手続で、EUのcommitment procedureをモデルとしていると言われるが、大きな違いがある。事業者が約束を反故にした場合、欧州委員会は、最大で前事業年度の売上高の10％以下という制裁金か、1日当たり前事業年度の日割売上高の5％以下という履行強制金を科すことができる。これに対し日本では、ただ通常の調査に戻るだけで、何のペナルティもない。公取委は当初、何らかの制裁を科す仕組みを検討していたとされるが、途中で消えてしまった。

ヴァンドゥワラも論文「Japanese competition law and digital platforms: are remedies and commitments effective?（日本の競争法とデジタル・プラットフォーム：問題解消措置と確約措置は有効か？）」の中で、日本の確約手続のこうした点について指摘している。そして、「行動規範が有効であるかどうかは、制約がどれだけ強く監視・施行されるかにかかっている。企業が従うのは、非順守の予想コストが予想利益を上回る場合だけだ」として、「日本の法的枠組みと実務では、適切に監視し執行することは事実上不可能ではないか」と論じている。

川濵も心配する。「技術やビジネスの変化が激しいこれからの時代、共同規制は不可避的に取り入れられていくだろう。だが、制裁の考え方が抜け落ちたままでは、結局、良識的な行動をとろうとする国内事業者だけに強く作用する規制となりかねない」。

それでは、新たな形の一国二制度が作られるだけではないか。

11 デジタル市場競争会議WG第1回（2019年10月8日）

12 大島義則「個人情報保護法における課徴金制度の導入論」（『情報ネットワーク・ローレビュー』2020年12月）